JN021643

カリスマ講師の

日本一成績が上がる!

魔法の

公共ノート

河合塾 公民科講師

佐々木 洋一郎

KADOKAWA

はじめに

こんにちは！

　こんにちは！　河合塾公民科講師の佐々木洋一郎です。本書を手に取っていただき、誠にありがとうございます。

　2022年度から新たに導入された「公共」はとっっっても面白い科目です。本書はそんな「公共」を「得意な科目」「大好きな科目」にしてもらいたいという思いから執筆をはじめました。

　本書は「基礎からとにかくわかりやすく！」をモットーに、8冊の「公共」の教科書を参考にして執筆をしています。多様性を尊重する「公共」の教科書ということもあってか8冊はとてもバラエティに富む内容でしたが、それら教科書の多くに共通する重要事項を優先的にピックアップし、紙面の許す限りできるだけ丁寧に解説を行いました。したがって、本書の内容をおさえていけば「公共」の成績はきっとアップしていくことでしょう。

　各テーマの左ページ（講義部分）は、実際に講義を受けているような臨場感を味わってもらいたいという思いからできるだけ口語調にしています。「熱さ」を感じつつ読み進めてもらえれば幸いです。また各テーマの右ページ（ノート部分）の図やイラストは、私がこれまで教壇に立つ際に考えたり描いてきたものが、一切出し惜しみせずブラッシュアップしてもらった上で描かれています。

公共ってどんな科目？

　では、そもそも「公共」とはどんな科目なのでしょうか。「公共」で扱う内容の中心は、簡単に言えば「古今東西の思想と世の中の仕組みや問題点」です。「古今東西の思想」と聞くと、「うげー」と思う人もいるかもしれませんね。でも、読み進めていけば「へー、名前は聞いたことあったけどこの人こんなこと主張してたんだ！」という発見や、悩んだり考えたりする時のヒントになるような事柄がたくさんあり、とても楽しい分野です（私は大好きな分野です）。「世の中の仕組みや問題点」に関しては、身近な事柄や聞いたことがある事柄ばかりなのでシンプルに「楽しい！」と思う人も多いでしょう。「公共」の教科書ではこの分野のページが特に多いため、本書もそれに準じて量的に記述を多くしています。

　ところで、「公共」は実は「古今東西の思想と世の中の仕組みや問題点」についての「知識事項」をただ学習するだけの科目ではありません。文部科学省が定めるカリキュラムの基準である「高等学校学習指導要領」（平成30年告示）の「公共」の目標を見ると、「現代の諸課題を捉え考察し……」をはじめとして、「諸資料から……情報を適切かつ効果的に調べまとめる技能を身に付ける」「事実を基に多面的・多角的に考察し公正に判断する力や、……構想したことを議論する力を養う」「現代の諸課題を主体的に解決しようとする態度を養う」など、さまざまな資質や能力（学習指導要領の表現をお借りすれば「平和で民主的な国家及び社会の有為な形成者に必要な公民としての資質・能力」）を育成することが目指されています。

　したがって本書は、それらの資質や能力を育む上で前提・不可欠となり、教科書でも多くのスペースが割かれている「知識事項」を中心に扱いながらも、それだけにとどまらず、章と章の間など随所に「みなさんが実際に現代の諸課題を考える機会」や「調べたり他の人と議論したくなるような問い」を散り

ばめて執筆を行いました。本書を通してみなさんが成績アップだけでなく、他者と共に公共空間を生きる私たちに求められるさまざまな資質や能力も高めてくれたら、これに勝る喜びはありません。

「公共」と「倫理」や「政治・経済」の関係はどうなっているの？

　「公共」は高校の必修科目であり、そこでの学びを土台として（「公共」を履修した後に）、より専門的な「倫理」や「政治・経済」を選択科目として学習することになります。したがって、「公共」で扱う範囲は「倫理」と「政治・経済」いずれかで扱う範囲とほぼ重複しており、本書を読み込んでいけば「倫理」や「政治・経済」の成績も自然とアップしていくでしょう。

本書の効果的な使い方

　まずは左ページ（講義部分）を読みながら、その補助となる右ページ（ノート部分）にも目を通してください。左ページは原則として**超重要用語を赤**、**重要用語を青**、**特に重要な国名をオレンジ**、**特に重要な年号を紫**としています。

　読み進める際には、ただ**赤字**や**青字**の用語のみを暗記しようとするのではなく、各テーマの講義全体の流れや解説部分を丁寧におさえていくように心がけましょう。大切なのは流れや解説部分であり、それらの中で用語を定着させていくというイメージで進めてくださいね。

　また、「1周では全ての内容を完璧に定着させることは不可能」という点も忘れないでください。1周（1回）ですべてを暗記してしまおうとする人もいますが、それはロボットでもない限り不可能です。最初の1周はざーっと読み、「ふむふむなるほど。そうなんだー」で十分です。大事なのは、2周目以降の繰り返し。繰り返し読み込むことで「定着している内容を増やしていく」というイメージで学習を進めていきましょう。

　加えて、章と章の間には「Eureka!」というコーナーがあります。ここは「実際に考えたり調べたり議論したりするチャンス」となっていますので、ぜひチャレンジしてみてくださいね。

　それでは、「公共」の扉を開いていきましょう！

謝　辞

　本書を執筆するにあたり、たくさんの方々にご協力をいただきました。本書のノート部分の協力をしてくれた元教え子の中寺摩祐花さん、大学の勉強やサークル活動が忙しいなかにもかかわらず最高のノートを提供していただき、本当にありがとうございました。また、本書の企画をご提案いただいた㈱KADOKAWAの山川徹さんには、このような執筆の機会をいただけたことに心より感謝申し上げます。そして、執筆を進めるにあたり的確かつ丁寧なアドバイスを幾度もしていただいた㈱KADOKAWAの佐藤良裕さんにも、この場を借りて厚く御礼申し上げます。他にも、本書のデザインを担当していただいた㈱キャデックの平田顕さんや、丁寧に編集・校正をしていただいた㈱友人社の関栞さんをはじめとして、ご協力いただいた全ての方々に心より御礼申し上げます。

佐々木洋一郎

目次

第4章 経済分野 85

第5章 国際分野 　　　　　　　　　　　　　　　　　　　　129

第1章 公共空間を生きる私たち

テーマ1 課題探究の方法

課題探究　それでは「公共」の学習を始めていくよ！　高校の「公共」では、レポート作成やプレゼンテーション、他の人との議論や研究を行うなど、課題探究の機会がきっとあるんだ。ということで、最初のテーマではそれらの際に活用できるいくつかの事柄を確認していくからね。

情報収集　まずはレポート作成やプレゼンテーションを行う際に活用できる、情報収集の方法をいくつかを見ていくよ。方法の名前とその内容(やり方)をセットでおさえてね！

●**全数調査**…調査対象となる集団の全てを調べることで統計調査を行う方法だ。例えば、日本の全ての高校生の身長から、日本の高校生の平均身長を明らかにするって感じだね。

●**標本調査**…調査対象となる集団の全てを調べるのではなく、一部のサンプルから全体を推計することで統計調査を行う方法だ。**サンプル調査**とも呼ばれるよ。例えば、500人の日本の高校生の身長から、日本の高校生の平均身長を推計するって感じだね。

●**アンケート調査**…質問票を作成して回答を集める方法だよ！

●**フィールドワーク(実地調査)**…研究対象の場所を実際に訪問して調査を行う方法だね。フィールドワークの際には、現地の人に**インタビュー調査**を行うことも有効だ。

●**レファレンスサービス**…知りたい資料や情報に関して、**図書館**で働く司書に資料提供や情報提示をしてもらう(調べもののお手伝いをしてもらう)サービスだよ。

そうそう、情報収集のために**SNS(ソーシャル・ネットワーキング・サービス)**を活用したり、インターネットで検索する人が多いかもしれないけど、インターネット上の情報は信頼性に欠ける場合もあるから扱いは慎重にね。また、自分にとって都合のよい(自分の考えを肯定する)情報だけ集めて、そうでない情報を意図的に排除するのは健全な情報収集とはいえないからね。

グラフの活用　グラフを活用するとレポートやプレゼンテーションの内容がグッと伝わりやすくなる！　代表的ないくつかのグラフを下に示すから、 ✎ノート2 と一緒に確認してね！

①項目ごとの数量の大小を比較する**棒グラフ**、②時系列ごとのデータの数値の変化を示す**折れ線グラフ**、③データの構成内容やその構成比を示す**円グラフ**や**帯グラフ**、④複数の項目のバランスや全体の傾向を示す**レーダーチャート**、⑤項目の相関関係の有無を示す**散布図**。

他者と共に探究する　他の人と議論や研究を行う際の方法のいくつかを下に例示するね！

●**ブレインストーミング**…ある問題について、グループで自由に意見や考えを出し合う方法。他のメンバーからでた意見や考えを頭ごなしに否定しないなどのルールがある。

●**KJ法**…ブレインストーミングなどの議論ででた意見や考えをカードに書き出し、関連性の高いカードをグループ化して整理・考察する方法。

●**ディベート**…あるテーマについて、肯定派・否定派のグループに分かれて討論を行う方法。どちらの方がより説得力のある主張ができたかで聴衆者(第三者)が勝敗を決定する。

●**ロールプレイング**…役割演技とも呼ばれ、ある立場の人物(場合によっては動物やモノ)になったつもりで、設定された問題について考えたり発表したりする方法。

〈ノート1〉情報収集の方法

フィールドワーク

レファレンスサービス

〈ノート2〉グラフの活用

棒グラフ

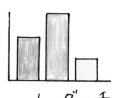

折れ線グラフ

円グラフや帯グラフ

レーダーチャート

散布図

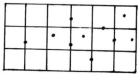

〈ノート3〉他者と共に探究

ブレインストーミング

KJ法

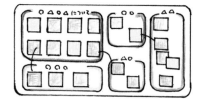

ディベート

肯定派　司会　否定派　聴衆者

ロールプレイング

地球温暖化とめよう！　シロクマも悲しんでるよ　STOP！地球温暖化!!

テーマ2 青年期

青年期　高校の「公共」では、倫理的な事柄や社会の仕組みはもちろんのこと、今まさにこれを読んでいるみんな自身についても学習をするんだ。みんなは**青年期**と呼ばれる時期を生きているんだけど、これは簡単に言えば子どもから大人への移行期間だ。この時期に人間は身体的・精神的に大きな変化をむかえ、例えば**第二次性徴**と呼ばれる身体的な変化があらわれて男性はより男性らしい体つきに、女性はより女性らしい体つきになる。他にも、**自我**がめざめるにつれて他者から認められたいという気持ちや自己主張が強くなったり、親や社会への反抗的態度があらわれる**第二反抗期**をむかえる人も多いんだ。最近、大人から言われたことに意味もなくイライラしたり反抗したことない？　それ、もしかしたら第二反抗期をむかえたからかも！

　そのような青年期だけど、時代が進むにつれてその期間が長くなってきているとされるんだ。また、青年期の長さは国や社会によっても異なり、先進国（文明社会）ほど青年期は長く、途上国（未開社会）ほど短くなる（場合によってはそもそも青年期が見出せない）傾向がある。この点に関しては、文化人類学者の**マーガレット・ミード**による分析が有名だ。

青年期を表す有名な言葉　青年期は、これまで色々な言葉でその特徴が表現されてきたんだ。例えば**ルソー**は著書『**エミール**』の中で、心身ともに大きく変化をむかえる青年期を、母親から産まれてこの世に存在する第一の誕生と対比して**第二の誕生**と呼んだよ。また、**レヴィン**は、大人集団と子供集団のどちらにも安定した帰属意識を持てない青年期を**マージナルマン（境界人／周辺人）**と呼んだ。**ホリングワース**は、いわゆる乳離れが身体的離乳であるのに対して、親から精神的に独立し始める青年期を**心理的離乳**と呼んだ。**ホール**は、抑えがたい激情にかられ、不安と動揺を経験する青年期を**疾風怒濤の時代**と呼んだね。他にも**エリクソン**が青年期を**モラトリアム（心理社会的モラトリアム／猶予期間）**と呼んだ点もおさえてほしいな。モラトリアムとは、もともと経済用語で「支払い猶予」等を意味する言葉なんだけど、エリクソンは青年期には社会的役割や義務が猶予されている点に注目してこのように呼んだんだね。

発達課題　人間には発達段階に応じて達成すべき課題があり、それを**発達課題**と呼ぶ。**ハヴィガースト**が、「同じ世代の男女と洗練された関係を結ぶ」などいくつかの青年期の発達課題を提唱したのは有名だ。ただ、発達課題に関して特に強調したいのが**ノート3**なんだよね。これは**エリクソン**の**ライフサイクル論**（エリクソンの分類した発達段階とそれに対応する発達課題）なんだけど、注目してほしいのは彼が青年期の発達課題を**アイデンティティの確立**とした点だ。**アイデンティティ（自我同一性／自己同一性）の確立**とは、"自分は何者であるのか""自分らしさとは何か"を理解・確信することで、これが十分にできないと自己肯定感を獲得できず、**アイデンティティ拡散（同一性拡散）**が発生してしまう。じゃあ、どうすればアイデンティティを確立することができるのか？　「これぞ唯一正解の方法！」なんてものはもちろんないけど、まずは自分自身の**パーソナリティ（人格・個性）**を見つめることが大切であると言えるね。パーソナリティとは**能力・気質・性格**が合わさって形成される、その人の総合的・統一的特徴であり、一般的に**環境**と**遺伝**がパーソナリティ形成に大きな影響を与えるとされるよ。

〈ノート1〉 青年期

子ども　　青年期　　大人

〈ノート2〉 青年期を表す有名な言葉

人名	青年期とは…
ルソー	第二の誕生
レヴィン	マージナルマン（境界人・周辺人）
ホリングワース	心理的離乳
ホール	疾風怒濤の時代
エリクソン	モラトリアム（心理社会的モラトリアム・猶予期間）

〈ノート3〉 エリクソンのライフサイクル論

発達段階	達成されるべき課題	失敗状態
I 乳児期	基本的信頼	不信
II 幼児期	自律性	恥と疑惑
III 児童期	自発性	罪悪感
IV 学童期	勤勉性	劣等感
V 青年期	アイデンティティの確立	アイデンティティ拡散
VI 初期成人期	親密さ	孤立
VII 成人期	世代性	停滞
VIII 老年期	自我の統合	絶望

※ 例えば VII 成人期を「壮年期」とするなど、上記の表の表記は教科書により多少違いがあります。

〈ノート4〉 パーソナリティに関する類型（＋αの知識）

・ クレッチマーによる類型…体型からパーソナリティを類型。
→例：肥満型：社交的・親切、細長型：真面目・非社交的、闘士型：誠実・几帳面・忍耐強い
・ ユングによる類型…関心の向きからパーソナリティを類型。
→例：内向…主たる関心が自分の内に向かい、自分の内なる判断基準を重視。
　　　外向…主たる関心が自分の外にあり、自分の外にある判断基準を重視。

テーマ3 人間とは何か／欲求と適応

人間とは何か　そもそもだけど、人間って何だろう？　この疑問に対しては、とにかく色々な人が色々なことを言ってるんだけど、代表的なものは下の表になるよ。誰が何と言ったのかをおさえることが大切だ！

人間とは……	提唱者	説明
社会的(ポリス的)動物	アリストテレス	人間は他者と共に生きる存在。
ホモ・サピエンス(英知人)	リンネ	人間は知恵を持つ存在。
ホモ・ファーベル(工作人)	ベルクソン	人間は道具を使って自然を改変する存在。
ホモ・ルーデンス(遊戯人)	ホイジンガ	人間は遊びを通して文化を発展させた。
シンボル(象徴)を操る動物	カッシーラー	人間は言語などの象徴を用いて抽象的に理解する。

欲求とは何か　さあ人間とは何かを確認したところで、人間と切っても切り離せない**欲求**について学んでいくことにしようか。人間は誰しも「○○がほしい！」「○○したくない……」など、色々な欲求があるよね。そんな欲求は、大きくは食欲・睡眠欲・性欲などの**生理的欲求**(一次的欲求)と、名誉欲・金銭欲などの**社会的欲求**(二次的欲求)に分けることができる。また、アメリカの心理学者**マズロー**は欲求を5つの階層に分類して、低次の欲求が満たされればより高次の欲求が現れるとしたよ(**欲求階層説**)。　ノート1を要チェック！　マズローが何を低次の欲求として、何を高次の欲求としたのかの順番が超重要だ！

欲求が満たされない時　人間は欲求が満たされない時、**葛藤(コンフリクト)**や**欲求不満(フラストレーション)**という状況に陥る。葛藤とは、相反する欲求にはさまれ、どう行動すればよいか決定できず苦しむ状態のこと。　ノート2にある葛藤の代表的な3つのパターンをおさえよう！　具体的な葛藤の状況から、3つのどれに該当するかが狙われがちだよ。

　欲求不満は誰しも経験があると思うけど、人間は欲求不満に陥ったとき、意識的にせよ無意識にせよ、それに**適応**しようとする(適応行動をとろうとする)んだ。　ノート3を確認してみて！　適応の代表的なパターンは①**合理的解決**、②**近道反応**、③**防衛機制**の3つ(適応できない状態が④**失敗反応**)なんだけど、特に③**防衛機制**をきちんと理解してほしい。③**防衛機制**とは、自我を守るため欲求不満に対して**無意識**に働く心のメカニズムであり、**フロイト**が最初に提唱した概念だ。そして、ノート3からもわかると思うけど、防衛機制にはいくつかのパターンがあるよ。例えばそうだな……美味しいと噂のラーメン屋に食べに行ったら、店の前でその日が定休日であることを知り、結局食べることができず無意識に「どうせ言うほど美味しくないさ」と思い自分を納得させた、という例は防衛機制の**合理化**と言えるだろうね。他にも、無意識に好きな人に冷たい態度をとっちゃうのは**反動形成**の例かな。そうそう、防衛機制は自分を守るためにとても大事な心の働きだけど、これにばかり頼っていてはなかなか強い人間になれないこともお忘れなく。大切なのは、**欲求不満耐性(フラストレーション・トレランス)**を高めつつ、欲求不満の原因に向きあい、それを解決するために努力することだよ！

〈ノート 1〉マズローの欲求階層説

高次 ⬆　低次

自己実現の欲求	… 自分の可能性を追求し、より高みを目指す！
自尊の欲求	… 他者から認められ尊敬されたい！
所属と愛情の欲求	… 集団に所属し他者と関わりたい！
安全の欲求	… 安全でありたい！
生理的欲求	… 寝たい食べたい！

+α: 自己実現の欲求を「成長欲求」、それ以外をまとめて「欠乏欲求(基本的欲求)」と分類する場合もある。

〈ノート2〉葛藤の3類型

① 「接近-接近型」→ 接近したい欲求が重なる場合＝"〜したい！"が重なる場合。
② 「回避-回避型」→ 回避したい欲求が重なる場合＝"〜したくない！"が重なる場合。
③ 「接近-回避型」→ 接近したい欲求と回避したい欲求がひとつの対象に重なる場合。

①の例
サッカー部にも入りたいし
野球部にも入りたい

どっちも　やりたい…

②の例
勉強をしたくないが
怒られたくない

どっちも　嫌だな…

③の例
ドーナツを食べたいが
太りたくない

〈ノート3〉欲求不満への適応

適応
├ ① 合理的解決：欲求不満と向き合い、それを合理的な手段によって解決すること。
├ ② 近道反応：衝動的・暴力的な行動をとることで欲求不満を解決すること。
├ ③ 防衛機制：自我を守るため、欲求不満に対して無意識に働く心のメカニズム。
└ ④ 失敗反応：適応ができず、いつまでも欲求不満が解決できない状態。

防衛機制 のパターン

抑圧 … 自分に都合の悪いことを無意識に抑え込み苦痛を感じないようにする。
合理化 … 何らかのもっともらしい理屈や理由をつけて自分を納得・正当化させる。
反動形成 … 欲求を抑えるため、欲求と正反対の行動をとる。
同一視 … 憧れの存在に自分を重ね合わせるなどで自分の価値が上がっていると思い満足する。
投射 … 自分の短所を別の人が持っているものだと思い込み非難する。
逃避 … 空想の世界に逃げてしまうなど現実から逃避してしまう。
退行 … 小さな子どものようになってしまう。
代償 … よく似た代わりのもので欲求を満たす。
昇華 … 満たされない欲求を他の社会的に認められた事柄で満たす。

テーマ4 職業と社会参画／性と社会

職業と社会参画　みんなは将来、どんな職業に就きたい？　職業に就くことはみんなに**経済的自立**を与えてくれるだけでなく、それはある種の**社会参画**（公共空間への参加）だし、何より自分の適性にあった職業は生涯の**生きがい**となるから、職業選択はとーっても重要な事柄なんだ。そのため、青年期には、職業をはじめとして将来自分は何になりたいか、どうしたいかなど、自分の生き方を考えて人生設計をする**キャリア開発**を進めることが大切になるんだよね。

　職業選択をする際には、「自分の得意なことや適性は何か？」「自分のやりたいことは何か？」など、自分自身を分析すること（自己分析）が必須になる。また、興味がある職業の情報を集めたり、高校生や大学生が企業などで実際に就業体験をする**インターンシップ**を活用したり、貧困問題や環境問題などの社会問題の解決を目的とするビジネスである**ソーシャルビジネス**に関わることもGOOD。加えて、**ボランティア活動**などの社会活動に参加して新しい世界に出会うことも、多くのことを学ぶことができて職業選択の視野を広げる絶好の機会となるよ！

就業と現代の若者　就業に関して、現代の若者の中には、定職に就かずアルバイトなどで生計を立てる**フリーター**や、そもそも就業をせず学校にも行かず就業のための準備や訓練も行わない**ニート**、結婚をせずに親に依存（寄生）する未婚者である**パラサイトシングル**の人がたくさんいて、社会的な問題となっている点は知っておいてね。

起業という選択肢　そうそう、もしよいビジネスアイデアがあれば、**起業**して会社を経営するという選択肢もあるからね。起業をするならば、何が社会で求められているかを調査（**マーケティング**）したり、会社の基本的規則を定めた**定款**を作成したり、**資金調達**の方法を考えたりするなどが不可欠になる。もちろん起業してからが本当の勝負だし、経営は簡単ではなくて倒産のリスクもあるけど、会社員として雇われて働く人生とは違った人生を送ることができるはずだ。

性と社会　ここからは次のテーマとして、性と社会について学んでいくよ！

　まず、みんなは**ジェンダー**って言葉を聞いたことがあるかな？　ジェンダーとは社会的・文化的に作られた性の差（⇔生物学的な性の差がセックス）のことで、例えば「男は仕事、女は家事」みたいな**性役割分担**はジェンダーに根差した考え方だ。「男はこうあるべき」「女はこうあるべき」というジェンダーに根差す考え方は多様な生き方を妨げるし、男女が対等な社会の構成員として共に責任を担い共に生きていく**男女共同参画社会**の実現を妨げるものだ。だから近年は、ジェンダーを見直していこう！という動きが活発だよ。また、さまざまな愛の形や性のあり方を認めよう！という動きも起きている。例えば、いわゆる**LGBT**（**Lesbian、Gay、Bisexual、Transgender**）と呼ばれる性的指向や性自認の少数者の人々に目を向けて、色々な愛の形や性のあり方があることを認め性的少数者の人々に対する偏見や差別をなくしていくべきではないか、という意見があるからね。ちなみに、多数者は**マジョリティ**と呼ばれるのに対して、少数者は**マイノリティ**と呼ばれるよ。

　これらは**多様性**（ダイバーシティ）を認め合う社会にしていこう！という動きの例と言えるね。色々な生き方や考え方があることを認め合える社会を構築していくことは、よりよい公共空間をつくりあげていく上でとても大事なことだよ。

〈ノート1〉職業と社会参画に関する重要用語

● キャリア開発
→職業をはじめとして、将来自分は何になりたいか、どうしたいかなど、自分の生き方を考えて人生設計をすること。

● インターンシップ
→高校生や大学生が一定期間、企業などで実際に就業体験をすること。

● ソーシャルビジネス
→貧困問題や環境問題などの社会問題の解決を目的とするビジネス。

● ボランティア活動
→自主的・自発的に行われる他者や社会に貢献する活動。

● フリーター
→アルバイトなどで生計をたてて定職に就いていない人。

● ニート
→NEET。Not in Education, Employment, or Trainingの略語。就業せず学校にも行かず就業のための準備や訓練も行わない人。

● パラサイトシングル
→結婚をせずに親に依存(寄生)する未婚者。

〈ノート2〉性と社会に関する重要用語

● ジェンダー
→社会的・文化的に作られた性の差。
→「男は仕事、女は家事」のような性役割分担はジェンダーに根差した考え方であり、ジェンダーは多様な生き方を妨げる要因となりえる。

● 男女共同参画社会
→男女が対等な社会の構成員として共に責任を担い共に生きていく社会。

● LGBT
→Lesbian(女性同性愛者)、Gay(男性同性愛者)、Bisexual(両性愛者)、Transgender(出生時に診断された性と自認する性が一致しない人)の頭文字をとった性的少数者の総称。

Eureka!

「Eureka!」は「ユーリカ！」や「ユリーカ！」などと発音するギリシャ語由来の感嘆詞。「わかった！」「見つけた！」などの喜びを表す時に使う。

　高校の「公共」の授業では、現代の諸課題に対して実際に「考えたり・調べたり・議論したり」することがある。考えたり・調べたり・議論したりする力は、豊かな公共空間を構築していくために求められる力というだけでなく、実際問題、みんながこれから生きていく上で特に必要になる力なんだ。なぜなら、みんなは大学に入学したり社会に出たら学問上だけでなく実生活で「唯一の正解がない問題（簡単には答えを決められない問題）」に、今までよりもたーくさん直面することになる（100％ね）。そんな時、誰も正解なんて教えてくれないから、自分でとことん考えたり調べたりするのはもちろん、時には他の人と議論をして「納得のいく自分の答え」を導き出す必要がある。だからみんなはそのような力を鍛えていかなければならないんだ。

　ということで、章と章の間では実際にみんなが考え・調べ・議論できるいくつかの「問い」をピックアップしてみたよ！　まずは自分でとことん考えてみて、必要ならば「公共」の教科書や資料集、インターネットやテーマに関連する書籍などで調べるのもOK！　ぜひ友達や家族と議論もしてみてね！

　そうそう、「問い」の中には説得力のある根拠（「なぜならば…」）を特に意識して考えてもらいたいものがあるんだ。そんな「問い」には★印をつけてあるから、その場合は以下のルールに則って考えてみてね！

★の「問い」を考える上でのルール

・メリット・デメリットの両方を考えた上で（必要ならば調べた上で）自分の主張を展開する。
・「自分は○○○という理由から賛成だけど、×××という理由で反対する人もいるはず」「別の人だったらどう考えるだろう」など、自分とは異なる意見や立場、その根拠も考える。
・自分の主張の根拠が単なる感想文になるのを避け（例：「かわいそうだから」「よいと思うから」）、多くの人が納得する反論されにくい根拠を提示できるように努める。

---

❶「【大人】って何？」

関連テーマ：公共空間を生きる私たち・テーマ2　➡10ページ

「大人」の必要条件って何だろう？　思いつくだけ挙げてみて！　そして、自分が思い描く「大人」になるためには、今後何をすべきかという点についても考えてみてね。

❷「就職する上で譲れない事柄TOP3は？」

関連テーマ：公共空間を生きる私たち・テーマ4　➡14ページ

年収？　やりがい？　安定？　社会的評価？……などなど、自分にとって譲れない事柄TOP3を自由に考えてみて！この経験が職業選択の際にきっと役に立つからね。

❸「ジェンダー平等を実現するためには、どんな取り組みが必要だろう？」

関連テーマ：公共空間を生きる私たち・テーマ4　➡14ページ

「男はこうあるべき」「女はこうあるべき」というジェンダーに根差す考え方は、多様な生き方を妨げるものだ。ジェンダー平等のために「私たち」「政府」「企業」をはじめとした様々な立場からできる取り組みを考えよう！

❹「あなたにとって【よく生きる】とはどのように生きること？」

関連テーマ：倫理分野・テーマ1　➡18ページ

超重いテーマだね（笑）。「あなたにとって」という観点から自問自答してみて！

第2章 倫理分野

テーマ **5**

古代ギリシア思想

思想から学ぶ　　さあここからは倫理分野のスタートだ！　これから数テーマに渡って色々な思想を勉強していくんだけど、それらの中には私たちが公共空間を生きる上で参考になる考え方がたくさんあるんだ。だから、単に用語を丸暗記するだけでは本当にもったいないので、悩んだ時とかに「考えるヒント」として参考にしたり、学んだ事柄を色々な場面で活用してほしいな。

ソクラテス　　古代ギリシアの哲学者**ソクラテス**は、人間にとって最も大切なことは「**ただ生きるのでなく、よく生きること**」と主張した人物だ。そんなソクラテスは、私たちが人間として持つべき徳（アレテー）について正しく知ることができれば、私たちの魂がよりよいものになると考え、**魂への配慮**を人々に勧めたよ。また彼は、彼自身も無知であるという自覚のもと（**無知の知**）、対話相手に直接知識を授けるのではなく、質問や問答を重ねることで相手が自分の無知や誤りに気がつき、自分の力で真の知を見出すように手助けをする**問答法**を重視したんだ。

プラトン　　ソクラテスの弟子の**プラトン**は、私たちの魂が持つべき徳について具体的に言及したことで有名だ。まずは　ノート1　を見て！　彼によれば、魂には**理性、気概、欲望**という3つの部分があって、それぞれ**理性**が①**知恵**の徳を、**気概**が②**勇気**の徳を、**欲望**が③**節制**の徳を持つことが魂全体の徳である④**正義**の徳の実現につながると考えたんだ（**四元徳**）。そして彼はこの考え方を国家の階級にも応用して、**統治者**は①**知恵**の徳を、**防衛者**は②**勇気**の徳を、**生産者**は③**節制**の徳を身につけることが国家の④**正義**の徳の実現につながるとしたよ。加えて、統治者は知恵を持った**哲学者**がなるべきとした点（**哲人政治**）もあわせておさえておいてね！

　またプラトンは、**イデア論**でも有名。　ノート2　を見て！　彼は、私たちが生きている世界（**現象界**）とは別に、永遠不変の理想世界（色々な**イデア**から成る**イデア界**）があると考えた。**イデア**とは、私たちが生きている世界に存在する個々の事物の本質（原型・完全な姿・真の実在）であり、私たちの目の前にある個々の事物は全てそれぞれのイデアの似姿（影）なんだって。そして彼は私たちの魂がイデア界を思い起こしイデアに憧れることを**エロース**と呼んだよ。

アリストテレス　　プラトンの弟子である**アリストテレス**は、私たちの目の前にある個々の事物（感覚で捉えられる事物）の中に、そのものを成り立たせている本質がそれぞれ内在されていると主張したんだ。これは師プラトンが事物の本質（＝イデア）を別の世界にあるとした点と対照的だよね。

　そんなアリストテレスも、もちろん徳について言及している。彼は、私たちが持つべき徳を**知性的徳**と**習性的徳**（倫理的徳）の2つに大別した。知性的徳は、イメージは教育や学習によって形成される徳で、具体的には**思慮や知恵や技術**などだ。習性的徳は、過度と不足を避けた中間（**中庸**）の行為を**繰り返すことで体得できる**徳で、具体的には**勇気や正義や友愛**などだ。例えば、無謀と臆病の中間（中庸）である勇気ある行動を繰り返すことで、勇気の徳が体得できるって感じだね。

　その上でアリストテレスは、「**人間は社会的（ポリス的）動物である**」として、共同体で他者と共に生活する上で欠かせない徳に**正義**と**友愛**を挙げているんだ。正義の徳の内容はとっても大切だから、　ノート3　で必ず確認をしてね！

〈ノート 1〉 プラトンの四元徳

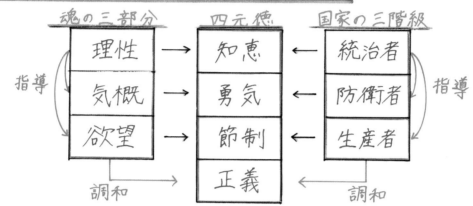

魂の三部分 　　四元徳 　　国家の三階級

魂の三部分	四元徳	国家の三階級
理性 →	知恵	← 統治者
気概 →	勇気	← 防衛者
欲望 →	節制	← 生産者
	正義	

指導　　　　　　　　　　　　指導

調和 →　　　　　　　　　← 調和

〈ノート 2〉プラトンのイデア論とアリストテレスのイデア論批判

プラトンのイデア論

イデア界

犬のイデア（犬の本質、原型、完全な姿）

理性

現象界

似姿　似姿　似姿

感覚

個々の犬が全然違う見た目なのに
私たちが「犬」だと分かるのは、私たちが
理性によって「犬のイデア」を捉えているから！

アリストテレス

個々の犬

犬の本質

個々の犬の中に
犬の本質が
内在されている！

〈ノート 3〉アリストテレスの正義

正義 →全体的正義…法を守ること！
　　 →部分的正義 →配分的正義…各人の能力や功績に応じて報酬や地位を配分すること
　　　　　　　　 →調整的正義…各人の利害・損得の不均衡を調整すること（例：罪を犯した人には罰、被害を受けた人には補償）

テーマ6 キリスト教／イスラーム

世界三大宗教　世界には色々な宗教があるけど、大きく2種類に分けることができる。1つは、ユダヤ教、ヒンドゥー教、神道など、特定の民族や地域で信仰される**民族宗教**。もう1つは、キリスト教、イスラーム（イスラム教）、仏教のように世界的に広がりをみせる**世界宗教**だ。ここでは、世界宗教の中から、キリスト教とイスラームを学習していくよ！

キリスト教　イエスをキリスト（救世主／メシア）とするキリスト教は、ユダヤ人の民族宗教である**ユダヤ教**を母胎としているってみんな知ってた？　ユダヤ教は、唯一神**ヤハウェ**を信仰し、**預言者**（＝神に選ばれ、神の意志を伝える者）であるモーセを通じて神から授けられた**律法**（モーセの十戒など）を守ることを重視する宗教だ。ただ、ユダヤ教徒の中には、形式的であっても神から授けられた律法を守ってさえいれば救いが得られると考える人もいたんだ（これが**律法主義**）。そのような考えを批判し、律法を形だけ守るのではなく、行為以前の心の状態を問題として心の底から律法を守ることを求める（**律法の内面化を求める**）イエスが登場したんだよね。

イエスの教えでまず大切なのが、**神の愛（アガペー）**を無差別・無償の絶対愛として説いた点だ。特定の人種の人ではなく、あらゆる人が神に愛されるって主張したんだね。そしてイエスは、**神への愛**（神を愛すること）と、**隣人愛**を特に重要な掟としたことでも知られている。注意してほしいのが、隣人愛の隣人とは特定の誰かのことではなくて、隣人愛は敵を含めて全ての人を隣人として愛することを説くものだからね。そしてこの隣人愛の教えは、「**人にしてほしいと思うことは何でも、あなたがたも人にしなさい**」というキリスト教の**黄金律**によっても示されているんだ。

こうした思想を持って活動していたイエスは、ユダヤ教指導者の反感を買い十字架にかけられ処刑されてしまった。しかし『新約聖書』によればイエスは刑死後3日目に**復活**して弟子たちの前に現れたとされ、この復活によりイエスこそキリスト（救世主／メシア）に他ならないと信じてイエスの教えを伝える集団が形成されたんだ。これがキリスト教の始まりとされるよ。

そしてイエスの教えを伝える活動で特に目覚ましい活躍をしたのが、元々はユダヤ教徒であったけどキリスト教に回心（改宗）をした**パウロ**だ。彼については ノート2 で確認してね！

イスラーム　イスラームは、**唯一神アッラー**を信仰する一神教であり、神からの啓示（＝神が教えを示すこと）を受けた**預言者ムハンマド**により開かれた宗教だ。アッラーは全知全能であり、人間が守るべき規範（**シャリーア＝イスラム法**）を定めたとされるよ。そして、最大にして**最後の預言者**であるムハンマドに対して啓示されたアッラーの教えは、イスラーム最大の聖典である『**コーラン（クルアーン）**』に記されているんだ。

イスラームでは豚肉を食べることや飲酒が禁止されているっていうのは聞いたことがあると思う。じゃあ、**偶像崇拝の禁止**は聞いたことがあるかな？　イスラームでは、アッラーやムハンマドの像を作ったり絵を描いたりすることはタブーとされるからね。そして、イスラームの信徒は**ムスリム**と呼ばれるんだけど、ムスリムが信じなければならない6つの対象（信仰の柱）と、行わなければならない5つの義務があり、それらは**六信五行**と呼ばれる。 ノート3 でそれらの内容は要チェックだよ！

〈ノート1〉イエスの重要な教え

◎ 律法の内面化 (= 律法主義批判)

形式的であっても律法を守ってさえいれば救いが得られるとする律法主義的考えをイエスは否定。

→ 律法を形だけ守るのではなく、心の底から律法を守ること(律法の内面化)をイエスは求める。

◎ 神の愛 = アガペー

神から人々に注がれる愛(アガペー)は、無差別・無償の絶対愛。

◎ 二つの戒め … 重要な二つの掟

・神への愛:「心を尽くし、精神を尽くし、思いを尽くして、あなたの神である主を愛しなさい」

・隣人愛:「隣人を自分のように愛しなさい」

　→ 「人にしてほしいと思うことは何でも、あなたがたも人にしなさい」(黄金律)

〈ノート2〉キリスト教の伝道者パウロ

・イエスの十字架上での死の意味を、イエスは人類が背負う根源的な罪(= 原罪)を償うために十字架にかかり、自らの苦しみと引きかえに人類の贖罪(しょくざい)をしたと説いた。

・人間が救われるのは、律法の遵守によるのではなく、信仰によると主張(信仰義認説)。

・キリスト教の三元徳を信仰・希望・愛であるとした。

〈ノート3〉イスラームの六信五行

六信	五行
① 神(アッラー)	① 信仰告白
② 天使	② 礼拝 … 1日5回、メッカに向かって祈りを捧げる。
③ 聖典	③ 断食 … イスラーム暦の9月(ラマダーンの月)に、日の出から日没まで飲食を絶つ。
④ 預言者	④ 喜捨 … 貧しい人々を救うため、財産に応じた税を納める(イスラーム独自の救貧税)。
⑤ 来世	⑤ 巡礼 … 一生に一度は、メッカにあるカーバ神殿へ巡礼をする。
⑥ 天命(神の予定)	

仏教／古代中国思想

仏教 仏教は、**ブッダ（ゴータマ・シッダッタ）**が開いた悟りにもとづく宗教だ。ということで、以下ではブッダが悟った事柄を確認していくよ！

●**一切皆苦**：この世は苦しみに満ちているということ。確かに、苦しいことって本当にたくさんあるよね。じゃあなぜ、そんなにこの世は苦しみに満ちているのだろう？ ブッダによれば、私たちが持つ**煩悩**（欲望や怒りなど）や執着のような誤った心の動きが原因となって、苦しみが生じてしまうんだ。ではなぜ、そもそも煩悩や執着が発生してしまうのか？ ブッダは、下の**縁起の法**をはじめとしたこの世の真理を知らないこと（**無明**）で、煩悩や執着が発生してしまうと考えたよ。

●**縁起の法**：この世のあらゆるものは互いに依存し合っていて、それ自体で独立して存在するものはないという真理だ。これを言い換えるならば、あらゆるものは他との関係の中にあるのだから、あらゆるものは常に変化（生成変化）していて変わらないものなどない（**諸行無常**）し、永遠不変でそれ自体で存在する実体（我）などない（**諸法無我**）ということになる。

●**涅槃寂静**：煩悩や執着を断ち切ることで、心安らかな境地（**涅槃**）に達することができるということ。そのためには、苦行にも快楽にもかたよらない**中道**の修行である**八正道**を行わなければならないと彼は主張したんだ。ちなみに、ここまでに登場した一切皆苦・諸行無常・諸法無我・涅槃寂静を合わせて**四法印**と呼ぶからね。

以上のようなブッダが悟った事柄は、**四諦**（4つの真理）としてまとめることができる。すなわち、①**苦諦**（この世は苦である）②**集諦**（苦の原因には執着がある）③**滅諦**（執着を滅することで苦は消える）④**道諦**（そのための正しい中道の修行方法は八正道である）の4つだ（🖊ノート2）。

古代中国思想 古代ギリシアで哲学者たちが活躍したのとほぼ同時期に、**古代中国**では独自の思想を説く思想家たち（**諸子百家**）が登場した。次はその代表者を見ていこうか！

孔子 儒家の祖である**孔子**は、人間のあるべき道（生き方）である**人倫の道**を探究し、それを**仁**と**礼**だとした人物だ。仁とは、ざっくり言えば人を愛することで、孔子は親子や兄弟の間の自然な親愛の情（**孝悌**）が仁の根本にあるとしたんだ。礼とは、その仁が他者に対する行為（態度）としてあらわれたものだ。そして孔子は、仁や礼を身につけた**君子**が人々を導き国家を治める**徳治主義**を理想として、法によって人々を治める法治主義を批判したよ。孔子以外の儒家には**性善説**の**孟子**と**性悪説**の**荀子**がいるから、🖊ノート3で確認してね！

老子 儒家の説く人倫の道を批判した代表人物が道家の**老子**だ。彼の有名な言葉に「**大道廃れて、仁義有り**」というものがある。これは、本来の「道」が見失われてしまったから、儒家が説くような仁などの道徳が出現したというもの。じゃあ、彼の考える本来の「道」って何か？ 老子は「道」とは万物を生み出す根源であるとして、儒家の説く「道」（人倫の道）とは全く違う意味で「道」を説いたんだ。その上で彼は、人間独自の基準に従うのではなく、作為のないあるがままの自然な生き方（**無為自然**）を理想とするとともに、他と争わない柔和でへりくだった心を持つこと（**柔弱謙下**）が大切だと説いたよ。

〈ノート1〉ブッダの思想

◎ 一切皆苦 …この世は苦しみに満ちている。

避けられない苦しみの例…四苦八苦
● 生・老・病・死(四苦)に以下の4つを加えて 四苦八苦
① 愛別離苦 …愛するものと別れる苦しみ
② 求不得苦 …求めるものが手に入らない苦しみ
③ 怨憎会苦 …いやな相手と出会う事を避けられない苦しみ
④ 五蘊盛苦 …身も心も思うようにならない苦しみ

◎ 縁起の法 …この世のあらゆるものは互いに依存しあっていて、それ自体で独立して存在するものなど無いという真理

→ ◎ 諸行無常：あらゆるものは常に変化していて変わらないものなどない

◎ 諸法無我：永遠不変でそれ自体で存在する実体(我)などない

◎ 涅槃寂静 …煩悩や執着を断ち切ることで、心安らかな涅槃に達することができる。そのためには中道の修行である八正道を行う必要がある。

〈ノート2〉四諦

苦諦	集諦	滅諦	道諦
この世は苦である	苦の原因には執着がある	執着を滅することで苦は消える	正しい中道の修行方法は八正道である

〈ノート3〉孟子と荀子

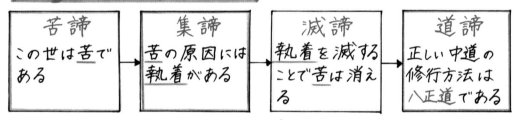

儒家

孔子
孟子　荀子

◎ 孟子

性善説 …人間は誰でも生まれつき善の素質である四端の心を持っていて、これを養い育てれば仁・義・礼・智(四徳)を実現できる。

◎ 荀子

性悪説 …人間は生まれつき利己的で欲望に従う傾向がある。しかし！教育などを通して礼を身につけさせることで、それを後天的に矯正できる！

テーマ8 西洋の思想①（ルネサンス～経験論・合理論）

神中心から人間中心へ　ここから、3テーマに渡って西洋思想の解説をするよ！

　中世のヨーロッパでは、教会の絶対的な権威のもとで神を中心とする世界観が広がっていた。でも、ヨーロッパの近代の幕開けとなる**ルネサンス**（＝キリスト教が台頭する前の古代ギリシア・ローマの文芸復興運動）が起こると、キリスト教とは異なる生き生きとした人間観が再発見され（人間って素晴らしい！）、それまで抑圧されていた人間らしさの回復・解放が目指されるようになる。この時期、**レオナルド＝ダ＝ヴィンチ**のようにあらゆる分野で人間の能力を発揮する**万能人**が理想像とされたし、**ピコ＝デラ＝ミランドラ**という思想家は、人間は**自由意志**によって自分のあり方を決められる存在であり、そこに人間の尊厳がある！　と主張したんだ。また、ルネサンスの自由な精神はキリスト教にも影響を与え、キリスト教の内部でそれまでの教会が中心となる信仰を批判して、神への信仰に帰ろう！という**宗教改革**が起こった。結果、キリスト教はカトリックとプロテスタントに分裂したよ。そうそう、宗教改革の代表的人物である**ルター**は、各自が教会じゃなくて**聖書**を拠り所とすべきと説いたからね。さらに、人間のモラル（生き方）とは？　を探求する**モラリスト**と呼ばれる人々も登場するんだけど、その代表者二人（**モンテーニュ**と**パスカル**）の思想内容を　ノート1　で確認してね！

　経験論・合理論　近代になると、それまで（中世）のように神によって自然界を説明するのではなく、実験や観察によって自然法則を明らかにしようとする**科学革命**が起こるんだ（近代自然科学の成立）。このような動きを受け、後の世に大きな影響をもたらす、**ベーコン**を祖とする**経験論**と、**デカルト**を祖とする**合理論**が登場する。　ノート2　を見ながら読み進めてね。

●**経験論**：経験論は、観察や実験など感覚を用いた「**経験**」を知識の源泉とする立場で、**帰納法**を用いる。帰納法とは、個々の事実から法則を見つけるやり方だ。例えば「坂本龍馬の死」「リンカーンの死」「ガンジーの死」という3つの事実（観察という経験可能な事実）から、「人は死ぬ」って法則が導き出せるよね。

　経験論の祖である**ベーコン**は、「**知は力なり**」って言葉を残したことで有名だ。これは知識を獲得することで自然を支配して人類の生活を改善することが重要だという意味。そして彼は、知識を得るためにはまず私たちが持っている偏見や先入観（**イドラ**、詳しくは　ノート3　で！）を取り除き、その上で個々の事物に直接あたり実験や観察を行うことで（帰納法を活用することで）法則を見つける必要がある！　と主張したんだ。

●**合理論**：合理論は、人間にそなわる「**理性**」を知識の源泉とする立場で、**演繹法**を用いる。演繹法は、疑う余地のない確実な法則からはじめて、理性を用いて推論を行うことで観察せずとも個別の結論を導き出すやり方だ。例えば「人は死ぬ」って確実な法則から、私は人間なんだから「佐々木洋一郎は死ぬ」って将来の個別の結論を観察せずとも導き出せるでしょ？　こんな感じ。そうそう、三段論法（a＝b、b＝cならばa＝c）も典型的な演繹法だからね！

　合理論の祖である**デカルト**は、理性を**良識**と呼び、全ての人に良識が備わっているとした。そして確実な真理に至るために全てを疑った（**方法的懐疑**）結果、疑っている「われ」の存在だけは疑うことができないとして、これを「**われ思う、ゆえにわれあり**」と表現したよ。

〈ノート1〉モラリスト →人間のモラル(生き方)を探求する人々。

◎モンテーニュ

主著『エセー』では「ク・セ・ジュ(＝私は何を知っているか?)」を標語としてかかげ、私たちは常に自己を反省し、独断を差し控え謙虚な態度であるべきであり、そうすることで互いに寛容になり、よい生き方を見いだすことができる!と主張。

◎パスカル

人間は自然界の中で弱い存在であるが、考えることで自分の弱さや悲惨さを自覚することができる。つまり、考えることに人間の偉大さや尊厳があるとして、「人間は考える葦である」と表現。

〈ノート2〉経験論・合理論

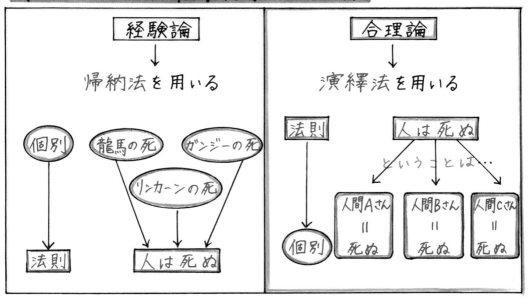

〈ノート3〉4つのイドラ

・ベーコンが提唱した、避けなければならない4つの偏見や先入観。

① 種族のイドラ：人類に共通する偏見(例:目の錯覚)
② 洞窟のイドラ：独りよがりの個人的な偏見(例:自分の価値観が正しいと思い込む)
③ 市場のイドラ：人の交流から生じる偏見(例:うわさ話を信じる)
④ 劇場のイドラ：伝統・権威への盲信からくる偏見(例:偉い人の発言を信じ込む)

テーマ9 西洋の思想②（カント〜実存主義）

カント　ここではまず、**ドイツ**出身の超有名な哲学者である**カント**の思想を学んでいくよ！ カントは、自然界に自然法則があるように、人間にも従わなければならない**道徳法則**があると考えた。 この道徳法則は、例えば困っている人が目の前にいた時に私たちの心の中から聞こえる「助けろ！」の ような**無条件**の命令（**定言命法**）でなければならず、「もし感謝されたいならば、助けろ！」のような条 件つきの命令（**仮言命法**）じゃダメだ。ただし！　道徳法則は法則なんだから全ての人にとって妥当し うるものである必要があって、心の中からの無条件の命令が全て道徳法則になるわけじゃないからね（例 えば「盗め！」は道徳法則になり得ないよね）。

　そんな道徳法則を自らの理性で打ち立て、それに自発的に従うことをカントは**自律**と呼び、それこそ が真の**自由**だとしたんだ。自分で自分のルールを定めてそれに従う、確かに自由だよね。そしてそのよ うな自由な主体を**人格**と呼んで、人格同士が互いに目的として尊重し合うような社会を**目的の国**（目的 の王国）と呼んで理想としたよ。

　そしてカントは、道徳法則に従って善をなそうとする意志（義務を義務として行う意志）を**善意志**と 呼び、これは無条件によいものであるとした。彼は、善意志を動機とする行為のみ道徳的な価値がある としたんだけど、簡単に言えばカントはよい行為か否かを判断する基準を、行為の**結果ではなく動機** に注目する**動機主義**の立場に立つってこと！　ここ特に重要だよ。

　他の**ドイツ**の思想家に**ヘーゲル**がいるから　ノート1で彼の代表的思想もチェックしてね。

功利主義　カントは行為の動機を重視したよね。これに対して、行為の**結果**を重視する思想（**帰 結主義**）として、**功利主義**があるんだ。功利主義者の**ベンサム**と**ミル**を見ていくよ！

●**ベンサム**：ベンサムは、幸福＝快楽＝善、不幸＝苦痛＝悪として、「**最大多数の最大幸福**」をもた らす行為が最善であり、個人からなる社会の幸福を最大化するべきと主張したんだ。すなわち、ある 行為が正しいか否かは、結果的に社会の幸福を増やすかどうかということになるね。その上で彼は、 快楽は**数量化**できるとして（**快楽計算**）、快楽の量を増やすことを重視したんだ（**量的功利主義**）。

●**ミル**：これに対してミルは、ベンサムの「最大多数の最大幸福」を継承しつつも、彼が快楽の量ば かりを問題にしたのに対して、快楽には質の差がある（質の高い快楽もあれば質の低い快楽もある）と して、快楽の質を重視したんだ（**質的功利主義**）。また彼は、自由を制限してもよい時は他者に危害 を及ぼす場合のみ（**他者危害原理**）と主張したよ！

社会主義　近代では、資本主義が進展するにつれて経済的格差が深刻化した。そのような中、 社会自体を変革して平等な新しい社会を作ろうとする**社会主義**が現れる。その代表的思想家が**マルク ス**だ。マルクスによれば社会の土台をなすのは物質的な生活（経済）であり、それは**生産力**（生産する力） と**生産関係**（労働者と資本家のような階級関係）で構成されている。ただ、生産力はどんどん増大してい くのに生産関係は固定という矛盾の関係にあって、この矛盾から階級間の対立（**階級闘争**）が次第に激し くなり、最終的に生産関係の変化（**社会革命**）が必然的に起きるとマルクスは予言したんだ（**唯物史観**）。

実存主義　最後に、**実存主義**の説明と重要人物の思想を　ノート2にまとめたから、必ず確 認してね。

〈ノート1〉ヘーゲルの代表的思想

弁証法

あるもの（正）は、その内部にそれと対立・矛盾するものを含み（反）、それらが止揚（総合）されて、より高次のもの（合）が生み出される。

成長した自分

現状に満足する自分

現状ではダメだとする自分

正 ← 止揚 → 反

合

人倫

人倫とは、人間の自由が実現される共同体であり、家族・市民社会・国家の三段階がある。国家が人倫の完成体。

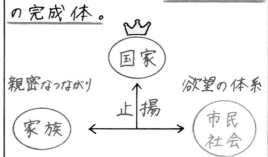

国家

親密なつながり　　　欲望の体系

家族 ← 止揚 → 市民社会

〈ノート2〉実存主義

・資本主義の進展に伴い、人間は交換可能な歯車のようになり、人々は主体性を失い、人間の画一化がもたらされた。

→現実の存在として生きる、ただ一人の「私」の在り方を探る実存主義が登場！

◎キルケゴール：自分を失って生きることが絶望であり、それが死に至る病。大切なのは自分がどう生きるかであり、自分にとっての真理＝主体的真理が重要！

◎ニーチェ：生きる意味や目的が失われたニヒリズムの時代が来たと宣言。そのような時代において「神は死んだ」ということを認め、力への意志（より強大になろうとする意志）に基づいて自ら価値を創造し、全てが繰り返される永劫回帰の世界であっても自分の運命を受け入れ主体的に生きる超人として生きるべき。

◎ヤスパース：人は人間の力や科学技術で乗り越えることのできない死・苦しみ・争いなどの限界状況に直面した時、有限な自己を支える包括者（超越者）の存在に気が付き実存に目覚めるとともに、他者との実存的な交わりが開かれる。

◎ハイデッガー：人々は没個性化・平均化したひと（ダス・マン）になってしまっている。人々は「死への存在」という事実に向き合うことが重要であり、死の可能性を直視することで本来の自己に立ち返ることができる。

◎サルトル：人間は、まず現実に存在し、その上で自分の本質を自由に作りあげていくことができるから、人間の「実存は本質に先立つ」。また、私たちが自己のあり方を選ぶということは、全人類のあり方を選ぶことにつながるとして、積極的に社会参加（アンガジュマン）することの大切さを説く。

テーマ10 西洋の思想③（現代の西洋思想）

現代の思想　西洋思想のラストに、現代の代表的な思想家を挙げていくね！

●**アーレント**：彼女は「**公共性**」について語った人物だ。彼女は人間の行為を、生存のために必要な**労働**、芸術作品や道具を作る**仕事**、言葉を交わし他者と直接関わり合いながら共同体を営む**活動**の三種類に分けた。その上で、私たちは**活動**を通して自己をあらわし**公共性（公共空間）**を築くことができるから、活動が最も大切だとしたんだ。

●**ハーバーマス**：彼も「**公共性**」について語った人物だ。彼によれば、人間は互いに合意に至ることを可能とするような**対話的理性**を持っている。だから人間は、そのような理性を用いて対等な立場での自由な**討議（議論）**を通じて**合意**を作り出すことができ、それによって**公共性**を確立できる。彼は**コミュニケーション的行為**を重視したんだ。

●**ロールズ**：社会契約説からヒントを得た彼は、以下のような**公正としての正義**を提唱した。ロールズは、もし人々が自分の性別、能力、健康状態、所属する共同体をはじめとして自分に関する情報を知ることができない状況（**無知のベール**に覆われた**原初状態**）に置かれたとしたら、社会のルールとして次の2つの正義の原理に合意するはずだと考えた。その**第一原理**は、全ての人が等しく自由を持つという**平等な自由の原理**。自分に関する情報を知らなくても（どんな境遇であっても）自由は必要だからね。そして**第二原理**は、不平等が生じても許されるのは、次の①と②を満たす場合に限られるという原理。それらは、①全ての人に機会（チャンス）が与えられた上で生じた場合（**公正な機会均等原理**）と、②最も恵まれない人々の生活（境遇）を改善する場合（**格差原理**）だ。なぜ格差原理が合意されるのかというと、原初状態下では人々は自分に関する情報がない＝もしかしたら無知のベールを外したら自分が最も恵まれない人である可能性が誰しもある。そのため、人々は最悪の場合を想定して、もし自分が最も恵まれない状況であったとしても生きていけるような社会の仕組みを望むはず、つまり最も恵まれない人々を特別に優遇するような不平等であるならば認めるはずだからだ。

●**ノージック**：このような主張のロールズを批判したのがノージックだ。ロールズの考えは、不平等を是正するための国家による所得再分配政策を肯定するものだったんだけど、これに対してノージックは、国家が個人に対する強制的な課税を行い（個人の財産を奪い）その富を再分配することは、個人の自由に対する侵害である！　と主張したんだ。彼のように自由を最大限に尊重する立場は**リバタリアニズム（自由至上主義）**と呼ばれるよ。

●**サンデル**：他にロールズを批判した人物がサンデルだ。彼によれば、現実の人間は自分が所属する共同体の価値観を人格の一部として有しているから共同体と不可分なはずなのに、ロールズが想定する原初状態はその点をないがしろにしていて現実と乖離しすぎている。彼は共同体の**共通善**を重視し、そのような立場は**コミュニタリアニズム（共同体主義）**と呼ばれるよ。

●**セン**：貧困や不平等を目の当たりにしたインド出身のセンは、人々に単に財を分配するだけでは不十分であると考えた。彼は、人々が自ら価値あると認めるような諸目的を追求・選択することができる生き方の幅＝**ケイパビリティ（潜在能力）**を等しく保障することが重要だと指摘したんだ。ここから、彼は基礎教育の普及や福祉政策が重要だと主張したよ。

〈ノート1〉アーレントの労働・仕事・活動

労働

生存のために
必要な行為

仕事

芸術作品や
道具を作る行為

活動

特に大切！

言葉を交わし、
他者と直接
関わりあいながら
共同体を営む行為

〈ノート2〉ロールズの正義論

無知のベール

原初状態

合意 →

第一原理…平等な自由の原理：全ての人が
等しく自由をもつ。

第二原理…不平等が許されるのは次の二つを満たす場合
① 全ての人に機会が与えられた上で生じた場合：
公正な機会均等原理。
② 最も恵まれない人々の生活（境遇）を改善
する場合：格差原理。

〈ノート3〉これまで取り上げられていない重要な思想家

◎レヴィ=ストロース（構造主義）

未開民族が持つ野生の思考には、文明人の科学的思考に少しも劣ることの
ない複雑な構造があることを明らかにした。例えば西洋文明が優れており
未開社会は遅れているというように文化に優劣をつけることは間違いであり、諸文化
は対等の価値をもつ（文化相対主義）と主張。

◎フーコー

学校や病院などの施設が、秩序から逸脱することを異常とみなす価値観
を広め、そのような価値観に無意識のうちに従う主体を生み出す役割を果た
してきた！
→彼によれば、近代以降の主体とは、実は権力に従順に従う者に過ぎず、自由
に見える社会は実は見えない抑圧（権力）で満ちている！

テーマ11 日本の思想①（日本の信仰や文化・鎌倉時代までの思想）

日本の信仰や文化
ここからは日本の思想だ！ まずは日本の信仰や文化を見ていくよ。

日本では古代から、自然の事物に霊魂（精霊）が宿るという**アニミズム**思想があり、唯一絶対の神という一神教的な発想とは違って、いたるところに無数の**カミ（神）**がいるという**八百万の神**という考え方があるんだ。そんなカミは人々に豊かな恵みをもたらすだけでなく、天災や疫病などももたらす存在とされて、人々はカミに収穫の恵みを感謝したりカミをなだめたりするために、供物や祈りを捧げる**祭り（祭祀）**を行ってきた。これが日本各地で現在も行われているお祭りの原型になったとされるんだ。現代でもお祭りは日常的な**ケ**の行事ではなく、非日常の**ハレ**の行事の1つとして行われているよね。

日本の伝統的な自然観（例えば自然と対立するのではなく自然と共生する点）は、日本の豊かな自然（風土）によって育まれてきたと考えられている。風土と文化との関わりに関する考察は**和辻哲郎**の考えが有名だから、✎ノート1 で確認してね！

また、古代の日本人は嘘や偽りのない透き通った心である**清明心（清き明き心）**を尊んでいて、これが後世の正直や誠といった日本の道徳心につながったとも考えられているよ。

そうそう、日本では仏教などの外来思想の影響のもとで独自の美意識を持つ文化が生み出されてきたんだ。例えば、**千利休**が大成した**茶道（茶の湯）**では、質素で落ちついた趣である**わび**が、**松尾芭蕉**が大成した**俳諧**では静寂で枯淡な趣である**さび**が、**世阿弥**が大成した**能**では神秘的で深遠な趣である**幽玄**が重視されるね。

鎌倉時代までの日本の思想
では改めて、日本の思想の解説をするよ！ 日本はこれまで海外からさまざまな思想を受け入れることで独自の重層的な文化を形成してきたんだ。✎ノート2 を見て！ 鎌倉時代までは**仏教**、江戸時代には**儒教**、明治以降は**西洋思想**からの思想的な影響が特に強いよ。ということで、まずは仏教からの影響が強い鎌倉時代までを見ていこう！

6世紀中ごろ、日本に仏教が伝来する。仏教思想を最初に理解したとされる人物が、**聖徳太子（厩戸王）**だ。太子が制定したとされる**十七条憲法**では、「和をもって貴しとなす」という人間関係の和合の精神が強調されると共に、「あつく**三宝（仏・法・僧）**を敬え」とされているんだ。

その後平安時代になると、**天台宗**を広めた**最澄**と、**真言宗**を広めた**空海**が登場する。最澄は、生きとし生けるものは全て仏となる可能性を備えている（**一切衆生悉有仏性**）と説き、修行で誰もが成仏できる（仏となれる）と主張した。また空海は、修行で宇宙の根本原理である大日如来と一体化することで、生きた身のままで仏となることができる（**即身成仏**）と説いたよ。

また平安時代末期になると、相次ぐ戦乱や天災で社会が混乱する中、現世はもうブッダの教え（教）しか残っておらず、修行（行）や悟り（証）がないひどい時代だとする**末法思想**が人々の間で流行したんだ。そんな末法思想が広がりをみせつつも、鎌倉時代になると民衆の救済をめざしてさまざまな僧が活動をし始めて、日本の仏教の多様化が進む。例えば、**浄土宗**の**法然**は、ただひたすら「**南無阿弥陀仏**」と**念仏**をとなえることで極楽浄土にいる阿弥陀仏に救ってもらおう（**他力本願**）と説いたんだ。他にも鎌倉時代の僧は重要な人物ばかりだから、✎ノート3 でそれぞれの教えを整理してね！

〈ノート１〉和辻哲郎の風土論

	モンスーン型	牧場型	砂漠型
地域	南アジア・東アジア 東南アジア	ヨーロッパ	北アフリカ 西アジア
自然	豊かだが気まぐれ	規則的で従順	厳しい
人の性格	受容的・忍従的	主体的・征服的	対抗的・戦闘的

→和辻はモンスーン型に属する日本では、受容的・忍従的な性格が育まれるとした。

〈ノート２〉日本が特に影響を受けた思想

6世紀～鎌倉時代　　　江戸時代　　　明治時代～

仏教 ⇒ 儒教 ⇒ 西洋思想

〈ノート３〉鎌倉時代の代表的な僧

名前	法然	親鸞	一遍
宗派	浄土宗	浄土真宗	時宗
教え	「南無阿弥陀仏」と念仏をとなえることで阿弥陀仏に救ってもらおう（他力本願）。	自己の煩悩を自覚して阿弥陀仏の慈悲にすがろうとしている人（悪人）は必ず救われる（悪人正機）。	踊りながら念仏をとなえ（踊念仏）、全国をまわる。

名前	栄西	道元	日蓮
宗派	臨済宗	曹洞宗	日蓮宗
教え	坐禅による修行を説き、坐禅の際に公案（師から与えられる難問）を検討することを重視。	末法を否定。ただひたすら坐禅を行うこと（只管打坐）で悟りの境地に至れる。修行と悟りは一体。	「南無妙法蓮華経」という題目をとなえる唱題こそが救いに至る道と説く。

日本の思想②（江戸時代の思想）

江戸時代　江戸時代になると、それまで主流だった仏教に代わって儒学（朱子学などの中国の儒教を基本にした学問）が台頭する。というのも、儒学（特に朱子学）は上下関係を重視するから江戸時代の縦社会的な秩序（幕府とその支配下にある各地の藩という幕藩体制や士農工商のような身分制度）と相性がとてもよかったという背景があるんだ。また、戦国時代が終わった後の江戸時代は比較的平和だったこともあり、救済や悟りを説く仏教よりも現世を生きる上での道徳を説く儒学に注目が集まったという背景もあるね。

朱子学派　徳川幕府に仕え、朱子学を幕府公認の正式な学問（官学）にした功労者が**林羅山**だ。彼は**上下定分の理**という教えを説いたことで有名だけど、これは、天が上で地が下という理（ことわり）があるように、人と人の関係にも上下関係が理としてある！　という考えだ。つまり、上下定分の理は身分制度を肯定する考えだよ！

陽明学派　朱子学は幕府に奨励されて大きな勢力となったけど、その主張に疑問を持ち批判をする人も現れた。その一人が、日本の**陽明学**の祖とされる**中江藤樹**だ。彼は、人を愛し敬う心である**孝**を万人がなすべき徳目と考え、朱子学のようにただ形式的・外面的に秩序や儀礼に従うのではなく、孝を時（時間）・処（場所）・位（地位）に応じて実践すべきだと説いたんだ。ちなみに、藤樹は孝を万物を貫く根本原理だとも主張したよ。

古学派　朱子学や陽明学が広がりを見せる中、それらは結局のところ儒教の祖である孔子や孟子の思想を後の時代の人々が解釈した学問に過ぎないとして、『論語』（孔子の教えを弟子がまとめたもの）や『孟子』をはじめとした儒教の原典を直接よく読んで学ぼうという**古学**が登場した。簡単に言えば、儒学の原典回帰＋原点回帰だね。

　古学派の一人である**伊藤仁斎**は、儒教の原典を読み、儒教の根本精神を**仁（仁愛）**ととらえ、日常生活において「相親しみ、相愛す」ような人と人との和合を理想としたんだ。そして人々の間で仁（仁愛）を成り立たせるためには、利己心を捨てた真実で偽りのない心である**誠**が重要だと説いたよ。

　また**荻生徂徠**は、古代中国の聖人が作り出した制度＝**礼楽刑政（儀礼・音楽・刑罰・政治）**こそが天下を安んずるための道（**安天下の道**）であり、原典を読むことで礼楽刑政を学び、世を治め民を救うこと（**経世済民**）が儒学の道だと説いたんだ。

国学　上記の朱子学派・陽明学派・古学派の人物は全て儒学者であり、彼らの考えの元をたどれば中国の思想だ。これに対して、日本には日本の思想がある！　として、日本の古典を研究することで儒教や仏教が伝来する以前の日本人固有の精神を探求する**国学**が現れるんだ。

　国学の代表人物である**本居宣長**は『古事記』や『源氏物語』を研究し、よくも悪くも生まれついたままの自然な**真心**こそが日本人の心であるとして、これを大切にせよと説くと共に、儒教や仏教の影響を受けた心である**漢意**は捨てよと説いたんだ。

〈ノート1〉重要人物の関係性と似顔絵

テーマ 13 日本の思想③（明治以降の思想）

西洋思想の受容　幕末の開国を経て明治時代になると、西洋の思想や文化が日本でそれまでより広く急速に受容されるようになった。当時の日本からすると西洋は科学技術をはじめとしてさまざまな点で圧倒的に進んでいたから、明治政府は「文明開化」をスローガンに日本の西洋化を通して近代化を進めていったんだ。

啓蒙思想　明治時代の日本の近代化の一翼を担ったのが、西洋の思想や文化を日本に積極的に紹介した**啓蒙思想家**たちであり、その代表的人物が**福沢諭吉**だ。彼は身分制度や儒教道徳を批判して、人は誰しも生まれながらに天から人権を与えられているとする**天賦人権**の考えを広めたことで有名だ。「天は人の上に人を造らず、人の下に人を造らず……」って言葉は聞いたことがあるよね。これって、それまでの日本にはなかった「The 西洋的な考え」なのがわかるかな。他にも、一人ひとりが学問に励み独立心を持つことで日本が独立した国になれる（**一身独立して一国独立する**）と説いたのもおさえておいてね。そうそう、彼は近代化が進まない他のアジアの国々とは連帯をすべきではないという**脱亜論**も唱えたんだけど、**岡倉天心**って人が「**アジアは一つ**」と述べてアジアの連帯を唱えた点を対比的におさえておくとGOODだよ！

キリスト教の受容　明治時代になると日本でもキリスト教が解禁され、優れた西洋文明の根底をなすキリスト教への関心も高まるんだ。この時代のキリスト者の代表的な人物に**内村鑑三**がいるんだけど、彼はイエス（Jesus）と日本（Japan）という**二つのJ**に生涯を捧げることを誓う。そして自らの信仰を「**武士道の上に接木されたるキリスト教**」と説き、日本の伝統的な武士道精神こそがキリスト教の土台になりうると考えたんだ。

近代的自我　『こころ』などの作品で有名な**夏目漱石**は、日本の近代化は西洋の圧力による**外発的開化**（⇔内発的開化）であり、表面上の開化に過ぎず日本人の自己（自我）の確立が遅れていると痛感していた。そして彼は、日本を内発的に開化させるためには、利己主義（エゴイズム）でも他人に流されるでもない**自己本位の個人主義**が必要だと説いたんだ。

独創的思想　西洋思想に刺激されながら、独創的な思想を展開する人々も現れた。**西田幾多郎**は、西洋思想は主観と客観を区別（独立）したものとして捉えがちだけど、主観と客観の区別がない**主客未分**な状態があるとして、それを**純粋経験**と名づけたんだ。例えば、みんなも集中して音楽に聴き入っている時、聴いている自分（主観）と聞かれている音楽（客観）との区別は意識されないでしょ？そんな対象と一体化しているような（主客未分な）状態が純粋経験だ！

　他にも、**和辻哲郎**は西洋思想では個人的存在としての人間像が主流だけど、完全に独立・自立した個人などあり得ないとして、人間とは個人的存在であると同時に社会的存在であるという**間柄的存在**だと説いたんだ。

　最後に、村落共同体で生活を営む無名の人々（**常民**）の日常的習慣や伝承の中に日本文化の真の姿を探求して、民俗学を創始した**柳田国男**も一緒におさえちゃおう！

〈ノート１〉重要人物の似顔絵

福沢諭吉
『学問のすゝめ』

一身独立して一国独立する

内村鑑三
『基督信徒のなぐさめ』

武士道の上に接木されたるキリスト教

夏目漱石
『こころ』

自己本位の個人主義

西田幾多郎
『善の研究』

主客未分の純粋経験

和辻哲郎
『倫理学』

人間は間柄的存在

柳田国男
『遠野物語』

民俗学

テーマ14　生命倫理

生命倫理　人類は医療技術を進歩させたことで、以前では考えられなかったような治療も可能となり多くの命が救われてきた。でも一方で、そのような医療技術の進歩は、人間による生命の操作や管理がどこまで許されるのだろうか？　という**生命倫理**の問題も同時に生み出したんだ。

生殖医療　生殖医療は、子どもを授かることができなかった人々にとって希望となる医療であり、その代表例に**人工授精、体外受精、代理出産**がある。人工授精は、女性の体内で人為的に卵子と精子を受精させる方法で、体外受精は女性の体外で卵子と精子を受精させて受精卵をつくり、その受精卵を女性の体内に移植する方法だ。代理出産は、何らかの理由で妊娠・出産ができない女性が、第三者(代理母)に代わりに妊娠・出産をしてもらう方法だよ。詳しくは ノート1 で確認してね！

日本では代理出産に関する法整備が進んでいないのが現状だ。一方、海外では代理出産が法的に認められている国もある。そのような国では、身体的に大きな負担がかかり時に命の危険もあるけど、金銭的報酬のために女性が代理母となるケースがあるんだ。また、海外では代理出産で産まれた子どもの親権をめぐって法的な争いが起きたりするケースもあるね。

延命治療　人工呼吸器や心肺蘇生装置などの技術が進歩したことで、回復の見込みがない患者であっても**延命**が可能となった。これより、肉体的・精神的苦痛を和らげる**緩和ケア**が重視されはじめただけでなく、生死に関わる**自己決定権**が主張されるようになり**尊厳死**や**安楽死**が頻繁に議論されるようになった(違いを ノート2 で確認！)。さらに、以前は生きることに絶対的な価値を置く**SOL**(**生命の尊厳**)が重視されていたんだけど、ただ単に生存しているだけではなく、どのように生きるか？という**QOL**(**生命の質**)が重視されるようにもなってきたんだ。

そうそう、以前は専門知識を持つ医師が患者の治療方針を一方的に決めるような**パターナリズム**(父権主義)的な場面も多かったけど、近年は医師が患者に病状や治療内容を正確に説明し、納得と同意を得た上で治療を行う**インフォームド・コンセント**が大切とされるね。

脳死　脳死とは、心臓は動いているけど脳の機能全体が働いておらず、その機能が戻らないことが確定的な状況のこと。**1997年**に**臓器移植法**が制定されたことで、臓器移植のために臓器を摘出する場合に限り、たとえ心臓が動いていても法的には脳死は人の死になった。

この臓器移植法の制定により、脳死となった人の体から臓器を取り出して別の人に移植することが可能となったけど、法律の制定当初と現在では脳死臓器移植ができる条件が異なるから、 ノート3 を見て条件の違いを確認してね。

ES細胞・iPS細胞　ES細胞とiPS細胞は、人体のあらゆる組織になる可能性を持った万能細胞のことで、これらを使って機能が失われてしまった人体の一部を再生する**再生医療**に注目が集まっている。ただ、2つの万能細胞には違いがあって、代表的な点としてはES細胞は受精卵の一部から作製するため、「人の生命の萌芽」(受精卵)を破壊してしまい倫理的問題があるけど、iPS細胞は皮膚などから作製できるから倫理的問題が少ないんだ。

〈ノート1〉代理出産の方法

代理出産の方法は大きく分けて2つある！

ホスト・マザー	サロゲート・マザー
夫の精子と妻の卵子を使って体外受精で受精卵をつくり、それを代理母（ホスト・マザー）に移植し、妊娠・出産してもらう。	夫の精子を、代理母（サロゲート・マザー）の卵子と人工授精させ、妊娠・出産してもらう。

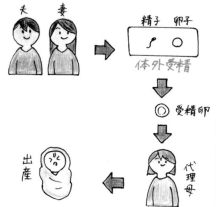

〈ノート2〉尊厳死・安楽死

◎ 尊厳死…患者が人間としての尊厳を持って死ぬために、延命治療を行わず自然死をむかえること（別名：消極的安楽死）。

◎ 安楽死…患者本人の求めに応じて医師が薬物投与などで直接死の手助けをすること（別名：積極的安楽死）。日本では認められない。

〈ノート3〉臓器移植法

● 1997年制定の臓器移植法で脳死者からの臓器摘出・移植が可能になった！

> 当初 どうすれば臓器摘出可能？：脳死者が①事前に臓器提供の意思を書面で表示した上で、②家族が拒否しない場合に限り、脳死者から臓器を摘出可能。※ただし15歳未満の場合は臓器摘出禁止。

↓しかし！条件が厳しく、脳死臓器移植が進まなかったため、2009年法改正↓

> 改正 どうすれば臓器摘出可能？：改正前の条件に加えて、脳死者本人の意思が不明な場合であっても家族の承諾があれば臓器を摘出することが可能に。また、15歳未満からの臓器摘出も可能になる。

※ 本人が事前に拒否していれば当然✗　　また、本人が事前に望んでいても家族が拒否すれば✗

Eureka!

今回は、倫理分野や政治分野に関わる問いを厳選したから、たくさん考えてみてね！
ここからは、★印の問い（16ページのルールに則って考える問い）も出てくるよ！

⑤「さまざまな信仰を持つ人々が共生していくためには、どのような取り組みが必要だろう？」

関連テーマ：倫理分野・テーマ6・7 ➡20・22ページ

さまざまな信仰を持つ人々によって構成される社会を、今以上にみんなが生きやすくするためにはどんな取り組みが必要だろう？　色々な立場から考えてみて！

⑥「行為の正しさは、動機と結果どちらを重視して評価されるべき？」

関連テーマ：倫理分野・テーマ9 ➡26ページ

例えば「相手のことを心から思って取った行動が、逆に悪い結果をもたらしてしまった」というケースを、あなたならどう評価する？

⑦★「日本で安楽死は法的に認められるべき？」

関連テーマ：倫理分野・テーマ14 ➡36ページ

賛否が分かれる問いだ。この問いは16ページのルールに則り、認めた場合のメリット・デメリットをそれぞれ考えた上であなたの主張を展開してね。

⑧「あなたの家族が脳死となった時、臓器の摘出を承諾する？」

関連テーマ：倫理分野・テーマ14 ➡36ページ

とても難しい問いだけど、ある日突然誰にでも起こりうる事柄。「あなた自身が脳死になった時」と「将来あなたの子どもが脳死となった時」に承諾するかどうかも一緒に考えてみてね。

⑨★「日本の集団的自衛権の行使容認に賛成？　反対？」

関連テーマ：政治分野・テーマ20 ➡50ページ

賛否が分かれる問いだ（集団的自衛権の説明はテーマ20にあるよ）。この問いは16ページのルールに則り、日本が集団的自衛権を行使できることのメリット・デメリットをそれぞれ考えた上で、あなたの主張を展開してね。

⑩「今までにどんな差別を目の当たりにしたり聞いたことがある？　そしてそんな差別のない社会にするためには、どのような取り組みが必要だろう？」

関連テーマ：政治分野・テーマ21 ➡52ページ

みんなも理不尽な差別を目の当たりにしたり聞いたことがあると思う。そんな差別がない社会にするためには、どんな取り組みが必要かな？

⑪★「死刑制度、賛成？　反対？」

関連テーマ：政治分野・テーマ23 ➡56ページ

賛否が分かれる問いだ。テーマ23に賛成派と反対派それぞれの代表的な根拠が展開されているから、それらを参考にしながら、16ページのルールに則りあなたの主張を展開してね。

⑫★「【忘れられる権利】は法的な権利として認められるべき？」

関連テーマ：政治分野・テーマ25 ➡60ページ

賛否が分かれる問いだ（忘れられる権利の説明はテーマ25にあるよ）。この問いは16ページのルールに則り、認めた場合のメリット・デメリットそれぞれを考えた上であなたの主張を展開してね。

第3章 政治分野

民主主義／権力分立

テーマ 15

民主主義　それでは、政治分野のスタートとしてまずは**民主主義**について学習していくよ！

　私たちが生きている社会のルールや仕組みを私たちの意思にもとづいて私たちの手で作り上げていくのが民主主義だ。**リンカーン大統領**の「**人民の、人民による、人民のための政治**」というゲティスバーグ演説が民主主義の特徴をよく表しているね。そして、民主主義の実現方法は2種類あって、まず、私たちが直接話し合いや決定に参加して色々な事柄を決めていく**直接民主制**がある。イメージとしては、国民みんなが集まってみんなで話し合いをしてみんなで決定するって感じかな。でも、それって望ましいけど現実的には難しいよね。だから、私たちの中から選挙で代表者を選んで、その代表者に代わりに話し合いや決定をしてもらう**間接民主制**（**代表制民主主義／議会制民主主義**）もあるんだ。日本では私たちが選挙で選んだ国会議員たちが、私たちの代わりに議論や決定を行っているよね。

多数決　私たち一人ひとりの考えは違って全員の意見が一致することは難しいから、民主主義では一般的に多数決で決定が行われる。ただし、多数者（**マジョリティ**）の意見が絶対に正しいとは限らず、数の力によって少数者（**マイノリティ**）の意見や立場が軽視されたり、**多数者の専制**（フランスの**トックビル**などが主張）に陥ってしまう可能性があるという点には注意してほしい。さらに、単純な多数決が多数者の意見を正しく反映するとも限らないから、その点を　**ノート1**　で多数決のやり方にあわせて確認してね！

　このように多数決が必ずしも万能ではないからこそ、民主主義で特に大切になるのが話し合いによる熟議を行うことだ。単に数の力に頼るのではなく、十分な熟議や合意を作る努力、そして少数意見の尊重などがあって初めて、民主主義はきちんと機能すると言えるね。

権力分立　民主主義に基づく政治、すなわち民主政治を実現して私たちの権利や自由を守っていくために不可欠となる原理の1つに**権力分立**がある。もし国家権力が特定の機関や人に集中してしまったら、どうなるか考えてみて。多分その機関や人は暴走して国民の意思から離れて権力を濫用し、結果として私たちの権利や自由が侵害されてしまう危険性があるよね。だから権力をいくつかの機関に分けてお互いに監視させること（**抑制と均衡**）はとても重要なんだ。

　権力分立を提唱した人物でまずみんなに覚えてもらいたいのが、**イギリスのロック**（主著『**統治二論**』）だ。　**ノート2**　を見てもらいたいけど、彼は権力を**立法権**（法を作る）・**執行権**（政治を行う）・**同盟権**（外交を行う）に分けて、立法権を議会が持ち、執行権と同盟権を国王が持つとした。その上で、議会（立法権）が国王（執行権・同盟権）に優越する権力分立論を唱えたんだ。これに対して**フランスのモンテスキュー**（主著『**法の精神**』）は、権力を**立法権・行政権・司法権**の3つに分け、それぞれがお互いに監視し合い抑制と均衡を図る三権分立を唱えた点で有名だ。日本の国会・内閣・裁判所も、まさにこのような発想に立っているね。

　そうそう、日本で見られる権力分立って、国会・内閣・裁判所だけではないからね。例えば、国会の中で衆議院と参議院に分かれているのも1つの権力分立だし、都道府県に分かれているのだってある種の権力分立だよ。

〈ノート1〉多数決のやり方

多数決にはいくつかのやり方があり、どれを使うかで結果が変わることがある！

↓

例：高校の文化祭の出し物について、あるクラス(37人)で「たこ焼き」「ワッフル」「タピオカ」の3つの案が出て、多数決でどれにするか決めることになった。

単純多数決

単純に最も多く選ばれたものに決める。

たこ焼き	15人
ワッフル	12人
タピオカ	10人

↓

たこ焼きに決定

ただし、多数者(ワッフル＋タピオカの22人)がたこ焼き以外を望んでいる。

決選投票

1回目の投票の上位で再度投票を行い決める。

1回目	
たこ焼き	15人
ワッフル	12人
タピオカ	10人

最下位のタピオカを除き
再投票
↓

2回目	
ワッフル	22人
たこ焼き	15人

↓

ワッフルに決定

※ タピオカ票がワッフルに流れた。

ボルダ・ルール

投票者は自分にとって1位の選択肢に3点、2位に2点、3位に1点のように点数をつけて投票し、総得点の多いものに決める。

	15人	12人	10人
1位(3点)	たこ焼き	ワッフル	タピオカ
2位(2点)	ワッフル	タピオカ	ワッフル
3位(1点)	タピオカ	たこ焼き	たこ焼き

↓

たこ焼き＝67点
ワッフル＝86点
タピオカ＝69点

↓

ワッフルに決定

〈ノート2〉ロックとモンテスキューの権力分立

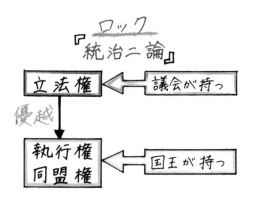

ロック
『統治二論』

| 立法権 | ← 議会が持つ |

優越 ↓

| 執行権 同盟権 | ← 国王が持つ |

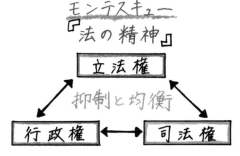

モンテスキュー
『法の精神』

立法権

抑制と均衡

行政権 ↔ 司法権

テーマ16 社会契約説／市民革命

社会契約説　現在、民主政治は世界的に広く受け入れられているけど、当然何の犠牲もなく確立されたわけじゃない。近代以降の民主政治は、市民階級が興した革命である**市民革命**の成果として獲得されたものなんだ。そして、そんな市民革命を理論的に支えた思想が**社会契約説**というものだ。ということで、まずは社会契約説について学習をしていこうか！

かつてヨーロッパでは、**絶対王政**の下で国家は国王のものであり、神から権限を授かった国王に人々は絶対に従わなければならないという**王権神授説**が信じられていた。これに対して、国家は人々の契約により作られるものだ！　と主張する社会契約説が登場する。

社会契約説の提唱者に**ホッブズ、ロック、ルソー**の三人がいる。三人は独自の思想を展開するけど共通点もあって、三人ともまず国家が成立する以前の状態(つまり国家がない状態)である**自然状態**を想定して、そこから理論を展開して国家は人々の契約により作られるものだ！　と主張するんだ。なお、社会契約説は歴史上の出来事ではなくある種の思考実験だからね。

ホッブズ　ホッブズは、自然状態で人々は**自然権**(＝人間が生まれながらに持つ権利)として**自己保存の権利**を持っていて、人々が自然状態でその権利を自由に行使すると奪い合いや殺し合いが発生し、**万人の万人に対する闘争**に陥ってしまうと考えた。そこで人々はそのような状況から脱して平和を実現するために契約を結んで国家を作り、自然権を**統治者(主権者)**に全面的に譲渡して統治者に平和を維持してもらおうとするだろうと説いたんだ。

ロック　ロックは、自然状態で人々は自然権として**生命、自由、財産**に関する**所有権**を持っていて、おおむね自由で平等に共存する(基本的には平和)と考えた。ただし、自然状態では裁判所や警察もないから、所有をめぐる争いが万が一発生した時にそれをおさめる制度や機関が不在で所有権が不安定だ。だから人々は所有権(自然権)をより確実にするために契約を結んで国家を作るだろうと説いたんだ。その上でロックは、人々は政府に自然権を**信託**(信じて託して)し、もし政府が信託に反して人々の自然権を侵害してくるようならば**抵抗権(革命権)**を行使してもよいと主張したよ。彼の考えは**間接民主制**を基礎づけたともいわれるね。

ルソー　ルソーは、自然状態を自由・平等で平和な理想の状態として描いたんだ。ところが、人間は**私有財産**が認められるようになったことで、かえって不平等な状況に陥ってしまった。そして自然状態が理想だけど、だからといって今から自然状態に帰ることなんてできない。とすれば、本来の自由・平等を回復できるような、できる限り理想に近い国家(共同体)を人々は作るほかない。だから人々は契約を結び国家(共同体)を作るだろうとルソーは説いたんだ。そしてルソーは、公益を目指す全人民の意志である**一般意志**にもとづいて政治が行われることを理想として、人々が政治に直接参加する**直接民主制**を主張したよ。

市民革命　市民革命はイギリス(ピューリタン革命・名誉革命)→アメリカ(独立革命)→フランス(フランス革命)の順に発生した。それらに関わる人権宣言を ノート2 で確認してね！

〈ノート1〉社会契約説

	ホッブズ	ロック	ルソー
主著	『リバイアサン』	『統治二論』 (『市民政府二論』)	『社会契約論』
自然状態	✕ 万人の万人に対する闘争 ↓ 誰しも命が危ない	△ 基本的には平和 but 所有権が不安定 ↓ 所有権をより確実にする必要がある	○ 自由・平等で平和な理想 ↓ 私有財産により、不平等が発生
↓契約を結び、国家(共同体)をつくる↓			
国家 (共同体)	強大な統治者(主権者)による統治 ※ 結果的に絶対王政を擁護してしまう	人々が自然権を国家に信託 →間接民主制 人々に抵抗権(革命権)認める	一般意志にもとづく政治 →直接民主制

〈ノート2〉市民革命期の人権宣言

● イギリス
　権利章典(1689年)…名誉革命の成果を確認。議会による王権の制限。
● アメリカ
　ヴァージニア権利章典(1776年)…世界初の自然権思想に基づく人権宣言。
　独立宣言(1776年)…生命・自由および幸福の追求という天賦の権利を宣言。
● フランス
　フランス人権宣言(1789年)…16条「権利の保障が確保されず、権力の分立
　　　　　　　　　　　　　　　が規定されないすべての社会は、憲法を持つものではない」

テーマ17 人権の発展や国際化

自由権　直前の**テーマ16**のラストで扱った市民革命を経て、それまでのように特定の身分や階級の人だけが権利を持つという考えが否定され、人はみんな生まれながらに平等であり権利を持っているという**基本的人権**が確立されたんだ。

　基本的人権の中でまず主張されたのが、**自由権**だ。自由権は国家からの不当な干渉や侵害を受けずに自由である権利で、その特徴から「**国家からの自由**」と呼ばれたりする。そして日本国憲法が保障する自由権には、大きくは**精神の自由**、**人身の自由**、**経済の自由**があるよ。そうそう、この自由権という発想が、国家の役割を治安の維持など最小限に限定する**夜警国家**(消極国家)につながったんだ。

社会権　自由権が確立した後、時代が進み資本主義が進展していくにつれて貧富の差や失業などの社会問題が発生するようになった。これに伴い社会的・経済的弱者が多数生まれて、国家は人々の自由権を保障するだけでは十分ではなくなっていったんだ。そこで、国家による積極的な介入によって人々が人間らしい生活を営めるようにしていこうという観点から、**社会権**が主張されるようになる。社会権はその性格から「**国家による自由**」と呼ばれたりするからね。日本国憲法が保障する社会権には、**生存権**や**教育を受ける権利**などが挙げられるよ。そしてこの社会権という発想は、**福祉国家**(積極国家)につながっていくんだ。

　そうそう、大事なことを伝え忘れるところだった。そんな社会権を世界で最初に規定した憲法が、**1919年**にドイツで制定された**ワイマール憲法**だという点は重要だよ！

人権の国際化　第二次世界大戦以前、人権の保障は国家がそれぞれ独自に行うのが一般的だった。でも、第二次世界大戦中に起きてしまったナチスによるユダヤ人虐殺(ホロコースト)や人権抑圧などへの反省から、第二次世界大戦後には人権を国ごとに守るだけではなく、世界全体でも守っていかなければならない！　って考えられるようになっていくんだ。

　そうして**1948年**、国際連合の総会で「全ての人民と全ての国とが達成すべき共通の基準」として、自由権や社会権をはじめ幅広い人権を規定する**世界人権宣言**が採択された。ただし！　世界人権宣言はとってもよい内容だったけど**法的拘束力がなかった**んだ。だから**1966年**、世界人権宣言を**法的拘束力がある**条約にパワーアップさせた**国際人権規約**が採択されるよ。

　そんな国際人権規約は、①**A規約**(社会権規約)、②**B規約**(自由権規約)、③いくつかの**選択議定書**で構成される。日本は①A規約をいくつかの点は留保しながらも批准し、②B規約は全面批准し、③選択議定書は全て未批准となっているんだ。なお、③選択議定書の1つに**死刑廃止条約**(B規約第二選択議定書)があって、日本は死刑制度があることからもわかると思うけど前述のとおりこれを批准していないからね。

　また、世界全体で人権を守っていくために第二次世界大戦後に色々な条約が採択されたんだ。代表的なものとしては**難民条約**、**人種差別撤廃条約**、**女性差別撤廃条約**、**子どもの権利条約**、**障害者権利条約**があるから、✎ノート2でそれぞれの内容を確認してね！

〈ノート1〉自由権と社会権

18世紀的権利：自由権…「国家からの自由」
　　　　　　　→ 夜警国家（消極国家）につながる

20世紀的権利：社会権…「国家による自由」
　　　　　　　→ 福祉国家（積極国家）につながる

〈ノート2〉代表的な条約

◎難民条約（1951年採択、日本1981年批准）
→人種・宗教・国籍・政治的意見などにより迫害され、国外に逃れる人を
　保護するための条約。
　※ 経済的理由により国外に逃れる人（経済難民）や国内避難民は
　　条約上の保護の対象外。
→また、迫害の恐れがある地域に難民を強制送還・追放することは
　禁止される。（＝ノン・ルフールマン原則）

◎人種差別撤廃条約（1965年採択、日本1995年批准）
→人種、皮膚の色、血統、民族などに基づく差別を禁止する条約。
→日本はこの条約の批准を契機にアイヌ文化振興法を制定（1997年）。

◎女子差別撤廃条約（1979年採択、日本1985年批准）
→女性に対する差別を禁止する条約。
→日本はこの条約を批准するのに際して、男女雇用機会均等法を制
　定したり（1985年）、国籍法の改正（1984年）により父母両系血統主義を採用
　する。

◎子どもの権利条約（1989年採択、日本1994年批准）
→18歳未満を子どもと定義し、子どもを単なる保護の対象から権利
　行使の主体ととらえ、子どもの意見を表明する権利などを保障する。

◎障害者権利条約（2006年採択、日本2014年批准）
→障害者の人権及び基本的自由の享有を確保し、障害者の固有
　の尊厳の尊重を促進することを目的とする条約。

テーマ18 法とは何か／法の支配と法治主義

法って何？　私たちが従わなければならないルールの総称を**社会規範**と呼ぶんだけど、社会規範の中にはいくつかの種類があるんだ。例えば、国家権力による強制力を伴う（従わないと処罰や制裁がある）**法**や、国家権力による強制力は伴わないけど人として守らなければならない**道徳**とかだね。

　法は社会秩序の維持に必要不可欠なものだけど、法と一言にいってもさまざまな種類があるから代表的な分類を確認していくよ。**ノート1**を見て！　まず、法は大きく**自然法**と**実定法**に分けることができる。自然法とは、時代や社会を超えて自然と存在・成立している法のこと。それに対して実定法とは、人間が定めた法のことだ。そして実定法は、明確な文言の規定はないが慣習が法に変化した**慣習法**と、明確な文言で規定された**制定法**に分けることができる。さらに、制定法は一国内で通用する**国内法**と条約など国家をまたぐ**国際法**に分けることができるんだ。

　そして国内法の中には3つの種類があって、この分類が特に大事になる。それらは、①国家の仕組みや国家と個人の関係を定める**公法**（憲法、刑法など）、②私たち（私人）どうしの関係について定める**私法**（民法、会社法など）、③経済的に弱い立場の人々を保護するための**社会法**（生活保護法、労働基準法など）だ。

法の支配　法に関する有名な考え方（立場）として、**法の支配**というものがあるから説明するね。まずは**ノート2**を見てもらいたいんだけど、昔は絶対王政の下で、国王などの権力者が法を作り、その法に人々が従わなければならないという**人の支配**が行われていた。人の支配では、当然だけど権力者による恣意的・独裁的な政治が行われてしまうんだ。これに対して、権力者であっても法に従わなければならず、権力者を法で縛ることで恣意的・独裁的な政治を防いで人々の権利や自由を守ろう！という**法の支配**が登場したんだ。17世紀**イギリス**で、**コーク（クック）**という裁判官が「**国王といえども、神と法のもとにある**」という中世の法学者ブラクトンの言葉を引用したのは有名だ。現代の国家ではこの法の支配が一般的となっていて、日本国憲法でも法の支配の原則が採用されているからね。

法治主義　そうそう、法の支配と似た言葉に**法治主義**というものがあるんだ。特に19世紀の**ドイツ**で見られた法治主義は、「権力者であっても法に従わなければならない」っていう点は法の支配と共通していた。でもその上で、法の支配は「法が人権を保障しているか？」など法の**内容**を重視するのに対して、法治主義は法の内容よりも「議会の制定した法に基づいて政治が行われているか？」など**形式**を重視するんだ。

　この違いが何なのかというと、例えば議会が国民の人権を弾圧する法を制定してしまった時に、法の支配からすると当然そんな法はNGだよね。でも、法治主義からすれば法として制定されたんだからその法に従わなければならない→法に基づいて人権が弾圧されてしまう可能性がある、ってことなんだ。「悪法も法なり」って感じの発想はまずいよね。

　ただ、一応フォローを入れておくと、現代の法治主義は法の内容も全く無視するわけではないため、法の支配とほぼ同じ意味で使われる場合があったりするんだけどね（ややこしい……）。

〈ノート1〉法の代表的分類

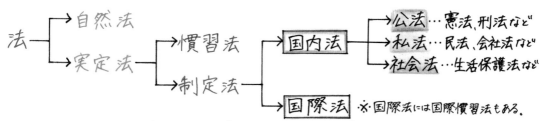

```
法 ┬→ 自然法
   └→ 実定法 ┬→ 慣習法
            └→ 制定法 ┬→ 国内法 ┬→ 公法 … 憲法、刑法など
                     │          ├→ 私法 … 民法、会社法など
                     │          └→ 社会法 … 生活保護法など
                     └→ 国際法  ※ 国際法には国際慣習法もある。
```

〈ノート2〉人の支配と法の支配

人の支配　　　　　　　　　　法の支配

国民　　　　　　　　　　　　国民

第3章 政治 分野

〈ノート3〉法の支配と法治主義

法の支配		法治主義
権力者も法に拘束される！	共通点	権力者も法に拘束される！
法の内容を重視！	大きな違い	形式を重視！

法は内容が大事！
内容が悪い法なんて
ダメ！

内容が悪くても
法は法！
守らないとダメ！

日本国憲法の基本原理

憲法って何? ではいよいよ、**日本国憲法**について学習していこうか! ……とその前に、みんなはそもそも憲法って何かわかるかな? 「え? 憲法って私たちが従うルールじゃないの?」って思った人、実はそれは誤り。憲法っていうのは、私たちではなく、国家(権力者)が従わなければならないルールなんだ! 実際、日本国憲法第99条には誰が憲法を尊重し擁護する義務を負うかが規定されているんだけど、そこに「国民」の文字はないからね。

✐**ノート1**を見て! 国家(例えば国会や内閣)は憲法に従って法律を作ったり政策を行うことで私たちに影響を与えるんだけど、もし国家が憲法に反する法律を作ったり政策を行ってしまったら、それは憲法違反(**違憲**)となりSTOPがかかるんだ! そして、憲法を制定して国家を縛り、憲法に基づいて国民の自由や権利を保障していくことを**立憲主義**っていうからね。

日本国憲法の基本原理 それでは日本国憲法の三大原理をまず見ていこうか!

●**国民主権**:日本国憲法は前文で「**主権が国民に存する**」と宣言するとともに、第1条でも国民主権を規定している。そして、そんな主権者である国民が選挙で選んだ代表者(国会議員)によって構成される国会を「**国権の最高機関**」(第41条)と規定しているんだ。

●**平和主義**:過去の戦争の反省に立った日本国憲法は、前文で「政府の行為によつて再び戦争の惨禍が起ることのないやうにすることを決意し」、徹底した平和主義を誓っているんだ。平和主義に関しては次の**テーマ20**で詳しく触れるね!

●**基本的人権の尊重**:日本国憲法は基本的人権を「**侵すことのできない永久の権利**」(第11、97条)として保障している。憲法が保障する基本的人権は大きくは5種類あって、それらは①**平等権**、②**自由権**、③**社会権**、④**参政権**、⑤**請求権**であり、この後の**テーマ21~24**で学習していくからね!

そうそう! 大事なことを伝え忘れるところだった! 基本的人権は「侵すことのできない永久の権利」だけど、権利の濫用は禁止されるし、「常に**公共の福祉**のためにこれを利用する責任を負ふ」(第12条)とされて、場合によって基本的人権は制限をされることがあるよ。例えば、ある表現行為が別の人の名誉を傷つける場合は、その表現行為が制限されることがあるよね。公共の福祉っていうのは、人権と人権の衝突を調整するための、そして個人の人権を等しく保障するための原理であって、個人を超えた全体の利益って意味ではないからね。

国民の義務 憲法は国家が従わなければならないルールだけど、例外として3点だけ国民の義務を規定しているんだ。あくまで例外だからね。それらは①「**子女に普通教育を受けさせる義務**」、②「**納税の義務**」、③「**勤労の義務**」だよ。

大日本帝国憲法 戦前の大日本帝国憲法は、現在の日本国憲法とは大きく異なっていた。例えば主権者は天皇であったし、国民は**臣民**と呼ばれ、臣民の権利は法律の範囲内でのみ認められるものに過ぎなかったんだ(**法律の留保**)。そして立憲主義のようだけど実質が伴っていなかったから**外見的立憲主義**と現在いわれているよ。✐**ノート3**で特徴をおさえてね!

＜ノート1＞憲法とは何か（民定憲法）

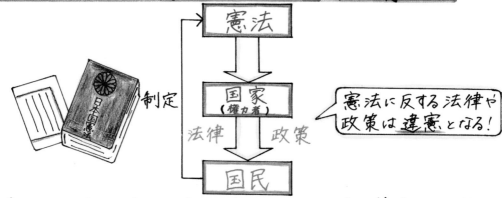

憲法に反する法律や政策は違憲となる！

＜ノート2＞日本国憲法が規定する基本的人権

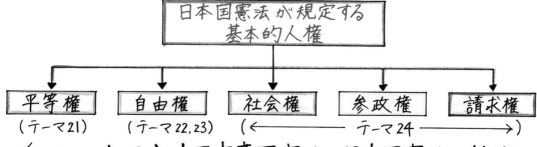

平等権	自由権	社会権	参政権	請求権
（テーマ21）	（テーマ22, 23）	（←	テーマ24	→）

＜ノート3＞大日本帝国憲法と日本国憲法の特徴

大日本帝国憲法 1889年発布		日本国憲法 1946年公布、1947年施行
天皇主権	主権	国民主権
神聖不可侵、統治権を総攬	天皇	象徴
臣民の権利、法律の留保	権利	基本的人権の保障
欽定憲法（君主が定めた憲法）	制定者	民定憲法
天皇の協賛機関 衆議院と貴族院の二院制	議会	国権の最高機関 衆議院と参議院の二院制
天皇を輔弼(お助け) 内閣の規定なし	内閣	行政権を行使 内閣の規定あり
天皇の名において裁判 特別裁判所が存在	裁判所	独立して司法権を行使 特別裁判所は禁止
規定なし	地方自治	規定あり

テーマ20 平和主義

平和主義　悲惨な第二次世界大戦の反省から、日本国憲法は**第9条**で①**戦争放棄**、②**戦力不保持**、③**交戦権の否認**を明記し、徹底した平和主義を宣言したんだ。また、戦中に軍部が暴走した経験を踏まえ、**文民**（現役の職業軍人でない者）である内閣総理大臣が自衛隊の最高指揮監督権を持つ**文民統制（シビリアン・コントロール）**が採用されているよ。

自衛隊　日本の平和を守る**自衛隊**の歴史は、**1950年**の**朝鮮戦争**を背景にGHQの指令により作られた**警察予備隊**がそのはじまりだ。そして**1952年**に警察予備隊は**保安隊**となり、さらに**1954年**に保安隊は**自衛隊**に改組・増強されたんだ。ただ、自衛隊の誕生は「自衛隊って戦力じゃないの？」っていう議論も同時に巻き起こした。これに対して政府は、「戦力」とは自衛のために必要な最小限度を超えるものであり、自衛隊は「戦力」ではなく自衛のための必要最小限の「**実力**」であるという立場をとってきたんだ。ちなみに自衛隊が合憲か違憲かは裁判でも何度か争われていて、有名な判例（裁判例）として**長沼ナイキ基地訴訟**（ノート1）があるけど、最高裁はこれまで一度も自衛隊を合憲とも違憲とも判断したことはないからね。

現在、自衛隊が海外に派遣されることは珍しくなくなったけど、実はこれ結構最近からなんだ。**1991年**の**湾岸戦争**を契機として日本の国際貢献のあり方が議論された結果、自衛隊を国際連合の**PKO**（平和維持活動、詳しくは国際分野・**テーマ59**で！）ならば参加可能とする**PKO協力法**（国連平和維持活動協力法）が**1992年**に制定された。こうして、この法律に基づいて自衛隊は**カンボジア**をはじめとして世界各地で展開される国連のPKOに参加するようになったんだ。他方で、他国の軍を支援するための派遣（PKO以外の派遣）は、これまで必要に応じて特別措置法を制定することで対応してきたよ。例えば、**2001年のアメリカ同時多発テロ**をきっかけとした**アメリカ**によるアフガニスタン攻撃の際には、**テロ対策特別措置法**を制定してインド洋に自衛隊が派遣されたし、**2003年のイラク戦争**の際には、**イラク復興支援特別措置法**が制定されて**イラク**に自衛隊が派遣されたんだ。

在日米軍　日本は敗戦後に連合国軍の占領下に置かれたけど、**1951年**に**サンフランシスコ平和条約**を締結して、翌**1952年**に独立を回復した。そしてこの条約と同じ日に**日米安全保障条約**が締結され、独立後もアメリカ軍が日本に駐留することとなったんだ。その後、安保条約は**1960年**に改定され、日本の領域内で日本や米軍施設が攻撃を受けた場合、日本とアメリカの**共同防衛義務**が発生することになったよ。そうそう、在日米軍や安保条約が合憲か違憲かが争われた裁判として**砂川事件**があるから、ノート1で確認してね。なお、日本は米軍が駐留する費用の一部を負担してて、それは**思いやり予算**って呼ばれるからね。

集団的自衛権　**2014年**、政府はそれまで日本は行使が許されないとされてきた**集団的自衛権**を容認する**閣議決定**を行った。集団的自衛権とは、同盟国が攻撃を受けた時、自国が直接攻撃を受けていなくてもその攻撃を自国に対する攻撃とみなして、攻撃を受けている同盟国と協力して行動をとる権利だよ。ノート2でイメージをつかんでね！

〈 ノート 1 〉長沼ナイキ基地訴訟・砂川事件

長沼ナイキ基地訴訟

主な争点：自衛隊は憲法第9条違反？

第一審：自衛隊は第9条で禁止する戦力に該当し違憲と判断

↓

第二審：統治行為論により、自衛隊が合憲？違憲？の判断を回避！

↓

最高裁：上告棄却で自衛隊の憲法問題に触れず

砂川事件

主な争点：在日米軍や日米安全保障条約は憲法第9条違反？

第一審：在日米軍は第9条で禁止する戦力に該当し違憲と判断

↓

第二審：第一審後、政府は直ちに最高裁へ上告（高裁を飛ばす）

↓

最高裁：在日米軍は合憲としつつ、統治行為論により日米安保条約が合憲？違憲？の判断を回避！

統治行為論って何？
→ 高度に政治的な問題は、司法審査の対象になじまないとする考え

〈 ノート 2 〉個別的自衛権・集団的自衛権

個別的自衛権

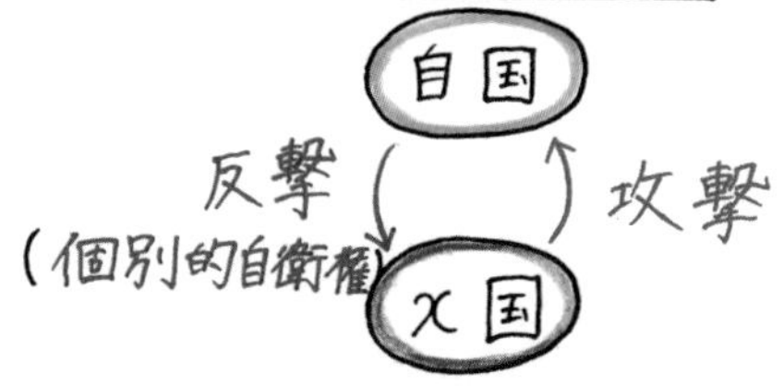

自国

反撃（　）攻撃
（個別的自衛権）

Ｘ国

自国が攻撃を受けた時、自国を守る権利

集団的自衛権

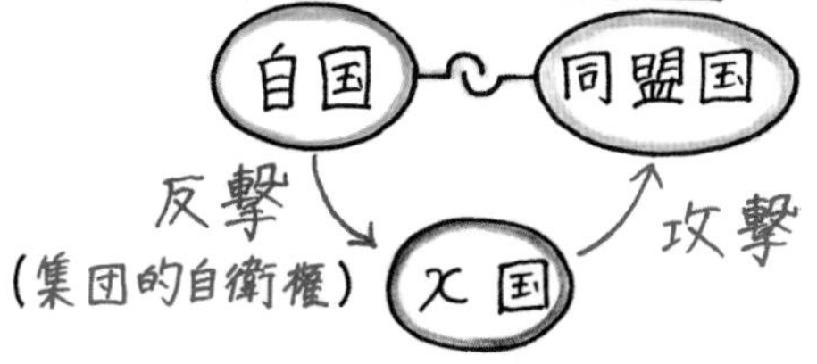

自国 ～ 同盟国

反撃　攻撃
（集団的自衛権）

Ｘ国

同盟国が攻撃を受けた時、自国が直接攻撃を受けてなくても同盟国と協力して行動をとる権利

〈 ノート 3 〉日本の防衛原則

・非核三原則 … 核兵器を持たず・つくらず・持ち込ませず

・防衛装備移転三原則 … 武器輸出三原則に代わる、新たな武器（防衛装備）の輸出（移転）に関するルール。

・国家安全保障会議 … 内閣に設置された、国防に関する重要事項の決定を行う機関。

テーマ
21

平等権

平等権　日本国憲法が保障する基本的人権のスタートとして、まずは**平等権**の学習だ！

憲法は①「すべて国民は、**法の下に平等**であつて、**人種，信条，性別，社会的身分**又は**門地**により、政治的，経済的又は社会的関係において，差別されない」(第14条)と規定して、私たちの法の下の平等を保障しているよ。ちなみに門地は家柄のことね。さらに、法の下の平等に関わる憲法の規定は他にもあって、②華族やその他の貴族制度の禁止(第14条)、③家族生活における両性の本質的平等(第24条)、④選挙の平等(第15条、44条)、⑤ひとしく教育を受ける権利の保障(第26条)など、さまざまな形で平等が保障されているんだ。

形式的平等・実質的平等　次に、平等に関して**形式的平等**と**実質的平等**という2つの考え方があるのをぜひ知ってもらいたいんだ。形式的平等とは、簡単に言えば全ての人を同じように扱うこと。例えば、クラスの全員におにぎりを一人1個配るようなイメージ。お腹が空いている人もそうでない人も関係なく全員に1個ずつ配る＝全員同じ扱いをするから、ザ・平等だよね。それに対して実質的平等とは、弱い立場にいる人を特別に優遇や保護することで、結果的にみんなが同じ立場になるようにすること。例えば、クラスの中でお弁当を持ってこられなかった人がいたから、その人にだけ特別におにぎりを配ったとしよう。すると、お弁当を持っている人もそうでない人も結果的にみんながお昼ご飯を食べられるのがわかるかな？　これも1つの平等だよね。このような実質的平等を目指す政策は**アファーマティブ・アクション(ポジティブ・アクション／積極的差別是正措置)** と呼ばれ、日本をはじめ世界各国で実施されているんだ。

差別問題　憲法では法の下の平等が保障されているのに、現実の社会では残念なことに色々な差別が依然存在している。それらの問題や、それに対応する法律などを見ていこうか。

● **女性差別**：世の中を見渡すと、さまざまな場面で女性に対する差別はいまだ根強く残ってしまっている。そんな差別を解消していくために、職場での男女平等を目指す**男女雇用機会均等法**(詳しい内容は経済編の**テーマ55**で！)や、男女が対等な社会の構成員として共に責任を担い共に生きていく社会を目指す**男女共同参画社会基本法**があるんだ。

● **部落差別**：部落差別とは、歴史的に形成された身分制度にもとづく差別のこと。**1922年**に**全国水平社**が結成されて部落解放運動が進められたし、政府も1965年に同和対策審議会答申を発表して差別解消を目指したけど、今も就職や結婚など色々な場面で差別が残るんだ。

● **障がい者差別**：**1993年**に**障害者基本法**が制定されて、障がいを持つ人の自立や社会参加の支援が図られているけど、障がいを理由に差別を受ける人は今もたくさんいるんだ。

● **民族差別**：日本国内には複数の少数民族が住んでいて、その人たちに対する差別がこれまで存在してきた。代表的な少数民族は北海道のアイヌ民族だけど、**2019年**に**アイヌ施策推進法**が制定されて、この法律に歴史上はじめてアイヌ民族は先住民族と明記されたよ。

● **外国人差別**：外国籍というだけで差別をされる人がたくさんいる。特定の国籍を持つ人などに対する差別的言動である**ヘイトスピーチ**を解消するために、**2016年**に**ヘイトスピーチ解消法**が制定されたけど、この法律にはヘイトスピーチに対する罰則規定がないんだ。

〈ノート1〉形式的平等・実質的平等

〈ノート2〉重要な判例（裁判例）

判例名	争点	最高裁
尊属殺人重罰規定違憲判決	尊属殺人の法定刑を普通殺人より著しく重くしている刑法の規定は合憲?違憲?	法の下の平等(第14条)の観点から違憲
衆議院議員定数不均衡違憲判決	一票の価値に著しい格差をもたらしている公職選挙法の規定は合憲?違憲?	法の下の平等(第14条)の観点から違憲
国籍取得制限違憲判決	結婚していない日本人男性と外国人女性の間に生まれた子どもに関して、出生後の日本国籍取得に両親の結婚を要件とする国籍法の規定は合憲?違憲?	法の下の平等(第14条)の観点から違憲
婚外子相続差別違憲判決	結婚していない男女の間に生まれた婚外子(非嫡出子)の遺産相続分を、婚内子(嫡出子)の半分とする民法の規定は合憲?違憲?	法の下の平等(第14条)の観点から違憲
女性再婚禁止期間違憲判決	女性に6か月の再婚禁止期間を設ける民法の規定は合憲?違憲?	法の下の平等(第14条)などの観点から100日を超える部分は違憲
夫婦別姓訴訟	夫婦同姓を定めた民法などの規定(選択的夫婦別姓の禁止)は合憲?違憲?	合憲

テーマ22 自由権①（精神の自由）

自由権とは　　**自由権**とは、国家からの干渉を受けずに自由に思考や行動をする権利で、別名「国家からの自由」と呼ばれるんだったよね（テーマ17復習）。　ノート1　を見てもらいたいんだけど、日本国憲法では自由権は**精神の自由**、**人身の自由**、**経済の自由**に分けることができて、それぞれの内部でさらに具体的な権利に分かれるんだ。ここでは、私たちの内面に関わる自由である**精神の自由**を構成する4つの自由を確認していくよ！

思想・良心の自由（第19条）　　思想や良心の自由だね。戦前の日本では、人々の思想・良心が侵害されるようなことがしばしばあり、その反省から日本国憲法で思想・良心の自由が新たに規定されたんだ。思想・良心の自由に関する裁判の例（判例）としては、**三菱樹脂訴訟**をおさえてもらいたい。これは、学生運動をしていたという理由で三菱樹脂に本採用を拒否された学生が、「思想・良心の自由の侵害だ！」と主張して企業と争った判例。判決は……最高裁は学生の訴えを退けた！　なぜか？　理由は簡単。憲法は国家を縛るものであり、本採用を拒否した三菱樹脂は国家ではない。つまり、憲法は私人間の関係には直接適用されないし、加えて企業には雇用の自由があると判断されたんだ。

信教の自由（第20条）　　信仰をしたり、宗教的行為をする自由だね。戦前の大日本帝国憲法では、文面上は信教の自由は認められていたんだけど、現実では国民（臣民）の信教の自由は制限されていた。その反省から、日本国憲法は信教の自由を規定すると共に、国や地方公共団体の政治が宗教と結びつくことを禁止する**政教分離の原則**を定めたんだ。

政教分離の原則に関しては、大事な判例がいくつかあるんだ。まずは**津地鎮祭訴訟**。三重県の津市が体育館を建設する際に神道方式の地鎮祭を行い公費支出をしたんだけど、これが政教分離の原則に反するのでは？　と争われたんだ。判決は……最高裁は津市に宗教的目的はなく、特定の宗教を援助・助長または圧迫・干渉しないとして**合憲**としたんだ！　一方で、**愛媛玉ぐし料訴訟**という判例もあって、愛媛県知事が靖国神社などに玉ぐし料として公費を支出していたことが政教分離の原則に反するのでは？　と争われた。判決は……最高裁はこれを**違憲**としたよ！　他にもいくつか判例があるから　ノート2　を確認してね！

表現の自由（第21条）　　表現活動をする自由だね。憲法は**一切の表現の自由**を保障しているし、行政機関が出版・公表前に内容を審査して不適当と判断した場合に発表をさせない**検閲**も禁止しているんだ。自分の内面にある考えとかを表に出す表現の自由は、民主主義の基礎となるからとても大切な権利だ。ただ、全ての表現が無制限に認められるというわけではなくて、必要最小限の制限を受ける場合があるからね。例えば**チャタレイ事件**では、公序良俗に反するようなわいせつ文書は公共の福祉の制限を受けると最高裁は判断したんだ。

学問の自由（第23条）　　学問研究、研究発表、教授（教えること）の自由だね。学問の自由には大学の自治が含まれるとされるよ。戦前は**天皇機関説事件**などのように学問への弾圧が行われたから、その反省として日本国憲法で新たに規定されたんだ。

〈ノート1〉自由権

- 自由権
  - 精神の自由
    - 思想・良心の自由
    - 信教の自由
    - 表現の自由
    - 学問の自由
  - 人身の自由
    - 奴隷的拘束及び苦役からの自由
    - 法定手続きの保障
    - 令状主義 など
  - 経済の自由
    - 居住・移転および職業選択の自由
    - 財産権の保障

〈ノート2〉政教分離の原則に関する重要判例

判例名	争点	最高裁
津地鎮祭訴訟	三重県津市による地鎮祭への公費支出は政教分離違反？	合憲
愛媛玉ぐし料訴訟	愛媛県知事による靖国神社などへの公金支出（玉ぐし料支出）は政教分離違反？	違憲
空知太神社訴訟	北海道砂川市が空知太神社へ市の土地を無償貸し出しするのは政教分離違反？	違憲
孔子廟訴訟	沖縄県那覇市が儒教の祖である孔子を祭る孔子廟に公有地を無償提供するのは政教分離違反？	違憲

〈ノート3〉精神の自由に関する重要条文

第19条〔思想・良心の自由〕
思想及び良心の自由は、これを侵してはならない。
第20条〔信教の自由〕
① 信教の自由は、何人に対してもこれを保障する。いかなる宗教団体も、国から特権を受け、又は政治上の権力を行使してはならない。
② 何人も、宗教上の行為、祝典、儀式又は行事に参加することを強制されない。
③ 国及びその機関は、宗教教育その他いかなる宗教活動もしてはならない。
第21条〔表現の自由〕
① 集会、結社及び言論、出版その他一切の表現の自由は、これを保障する。
② 検閲は、これをしてはならない。通信の秘密は、これを侵してはならない。
第23条〔学問の自由〕
学問の自由は、これを保障する。

自由権②（人身の自由・経済の自由）

テーマ 23

人身の自由 では、自由権の2つめとして**人身の自由**を学んでいくよ！ 不当な逮捕や刑罰などから私たちを守るのが人身の自由だ。戦前は人々の人身の自由が脅かされることが何度もあったから、その反省として日本国憲法では人身の自由を手厚く保障しているんだ。

●**奴隷的拘束及び苦役からの自由**（第18条）：私たちはいかなる奴隷的拘束も受けないし、犯罪による処罰を除いては、意に反する苦役に服させられることはないよ。

●**法定手続きの保障**（第31条）：法律の定める適正な手続きを経なければ、刑罰を科されることはない。逮捕したら即座に死刑！ なんてダメ。そしてどのような行為を犯罪として、それにどんな刑罰が科されるかは法律で定められていなければならない（**罪刑法定主義**）。

●**令状主義**（第33・35条）：逮捕・捜索・押収をするには、**裁判官**が発行する**令状**が必要。ただし、現行犯の場合は令状が必要ないぞ！ 令状を待ってる間に被疑者が逃げちゃうからね。

●**弁護人依頼権の保障**（第34・37条）：法律的な援助を受けるために**弁護人**（いわゆる弁護士）を依頼する権利が私たちに保障されている。定住外国人にも当然保障されるよ。また、全ての刑事事件において，被告人（刑事事件で裁判にかけられている人）は，公平な裁判所の迅速な公開裁判を受ける権利を有しているからね。

●**拷問及び残虐な刑罰の禁止**（第36条）：憲法は「**公務員**による拷問及び残虐な刑罰は、絶対にこれを禁ずる」として「絶対に」と強調してるんだ。なお、「死刑制度は残虐な刑罰にあたるか？」と議論になることが多いから、ノート1で死刑制度の論点を確認してね。

●**黙秘権の保障**（第38条）：自己に不利益な供述は**黙秘**OKだからね。

●**自白のみによる処罰の禁止**（第38条）：唯一の証拠が自白である場合には有罪とされたり刑罰を科されることはない。また、強制や拷問、脅迫による自白は証拠とならないよ。

●**遡及処罰の禁止**（第39条）：実行した時に合法であった行為を、後で法律を定めて罰してはならないという原則（事後法による処罰の禁止）。

●**一事不再理**（第39条）：ざっくり言うと、有罪や無罪が確定した事件を再度裁判することは原則禁止ってこと。例外として、有罪判決を受けた人の裁判をやり直す**再審**が行われることはあるけどね。

経済の自由 じゃあ、自由権の最後（3つめ）として**経済の自由**をおさえていくよ！ 前ページテーマ22のノート1を確認してもらえればわかるように、経済の自由は「**居住・移転および職業選択の自由**」（第22条）と「**財産権**」（第29条）によって構成されるんだ。

まずポイントとなるのが、経済の自由は精神の自由よりも広く公共の福祉の制限を受けるということ。私が「医者になって人助けがしたい！」と思うことは自由だけど、医師免許を取得しなければ医療行為をすることは当然許されないよね。

「居住・移転および職業選択の自由」に関して、職業選択の自由には明文の規定はないけど**営業の自由**が含まれると一般に解釈されるんだ。だって職業の選択ができても営業ができなかったら意味ないからね。「財産権」に関しては、もし財産が簡単に勝手に取り上げられちゃったら経済活動なんてまともにできないよね。とっても大事な権利だ。ノート2やノート3も目を通しておいてね！

〈 ノート 1 〉 死刑 制度

死刑制度、賛成？反対？

賛成派の主張	反対派の主張
○ 被害者・遺族の心情からすれば必要	✕ 国家であっても人を殺すことは許されない
○ 死刑があることで犯罪の抑止力となる	✕ 死刑が犯罪の抑止力となるか疑わしい
○ 更生しても犯した罪は消えない。	✕ 更生したり罪を償う機会を奪ってしまう
○ 誤判の恐れがない事件もあり、そもそも誤判は刑事手続きの改善で解決すべき問題	✕ 刑を執行してしまうと裁判に誤りがあった場合に取り返しがつかない
○ 内閣府の調査では国民の多くが死刑を支持している	✕ 世界的には死刑を廃止している国の方が圧倒的に多い

〈 ノート 2 〉経済の自由に関する重要判例

判例名	争点	最高裁
薬事法距離制限違憲判決	薬局の開設には既存の薬局と一定以上の距離を置かなければならないとする薬事法の規定は合憲？違憲？	職業選択の自由(第22条)の観点から違憲
森林法共有林分割制限違憲判決	共有林の分割を制限する森林法の規定は合憲？違憲？	財産権(第29条)の観点から違憲

〈 ノート 3 〉経済の自由に関する重要条文

第22条〔居住・移転及び職業選択の自由〕
① 何人も、公共の福祉に反しない限り、居住、移転及び職業選択の自由を有する。
② 何人も、外国に移住し、又は国籍を離脱する自由を侵されない。
第29条〔財産権〕
① 財産権は、これを侵してはならない。
② 財産権の内容は、公共の福祉に適合するやうに、法律でこれを定める。
③ 私有財産は、正当な補償の下に、これを公共のために用ひることができる。

社会権／参政権／請求権

社会権とは　社会権は、国家による積極的な介入によって人々が人間らしい生活を営めるようにしていこう！　という発想から生まれた権利で、別名「**国家による自由**」と呼ばれるんだったよね（**テーマ17**復習）。そんな社会権は、日本国憲法では生存権・教育を受ける権利・労働基本権（勤労権と労働三権）によって構成されるよ（ノート1）！

● **生存権（第25条）**：「すべて国民は，**健康で文化的な最低限度の生活**を営む権利を有する」で有名な生存権。でも実は、私たちがもし「健康で文化的な最低限度の生活」を営めなくなっても、生存権を根拠として国にお金を要求することは難しいんだ。なぜか？　実は最高裁判所は、第25条はあくまで国の政策の方針や努力目標を規定したものに過ぎず、個々の国民に具体的な権利を保障したものではない、とする判断をこれまでしてきたからなんだ。このような考えを**プログラム規定説**と呼び、これは**朝日訴訟**や**堀木訴訟**という判例で展開されてきたよ。ちなみに、生存権は法的な権利だ（個々の国民は具体的権利が保障される）！　とする考えを**法的権利説**と呼ぶけど、最高裁はこの考えには立っていないからね。

● **教育を受ける権利（第26条）**：教育がなければ、私たちは人間らしい生活を送ることなんてできなくなってしまう。そんな教育を受ける権利を保障するために、保護者は子女（子ども）に普通教育を受けさせる義務を負うし、**義務教育は無償**となっているんだ。

● **勤労権（第27条）**：ざっくり言うと、働く権利の保障だね。この権利を具体的に保障するために、**公共職業安定所（ハローワーク）**が置かれているよ。

● **労働三権（第28条）**：団結権・団体交渉権・団体行動権（争議権）の保障。これら三権については経済編の**テーマ54**で改めて勉強するから、ここではまずノート2でイメージをつかんでね！

参政権　参政権は、主権者である国民が政治に参加する権利のこと。憲法は公務員を選定・罷免することを国民固有の権利として保障しているよ（第15条）。また、憲法は選挙について成年者による**普通選挙**や、誰が誰に投票したのかをわからないようにする**投票の秘密**を保障しているし（第15条）、選挙権・被選挙権に関する差別の禁止（第44条）も規定されているね。注意してほしいのが、外国籍の人は参政権が保障されておらず、国政選挙に参加をすることができないよ。ノート3で参政権に関する重要判例もあわせておさえちゃおう！

請求権　じゃあ憲法が規定している人権のラストとして、国に対してさまざまなことを請求する請求権のいくつかを確認していこうか！

● **請願権（第16条）**：「こんな法律を作って！」「こんな政策をやって！」など希望を述べる権利。

● **国家賠償請求権（第17条）**：公務員の不法行為によって私たちが損害を受けたとき、公務員の雇い主である国や地方公共団体に金銭的な賠償を請求できる権利だよ。

● **刑事補償請求権（第40条）**：刑事裁判で無罪となった人が、国に金銭的な補償を求める権利。**冤罪**が起きてしまったら、冤罪の被害者はこの権利を行使して国にお金を請求できるよ。

● **裁判を受ける権利（第32条）**：憲法は、「何人も、裁判所において裁判を受ける権利を奪はれない」と規定していて、誰でも裁判所に救済を求める権利を保障しているんだ。

〈ノート1〉社会権

社会権 ──→ 生存権
       ──→ 教育を受ける権利
       ──→ 労働基本権 ──→ 勤労権
                    ──→ 労働三権

〈ノート2〉労働三権

| 団結権 |
| 労働組合を作る権利 |

| 団体交渉権 |
| 労働組合が交渉する権利 |

| 団体行動権 |
| ストライキなど労働争議を団体で行う権利 |

〈ノート3〉参政権に関する重要判例

判例名	争点	最高裁
在外日本人選挙権制限違憲判決	海外に住む日本人の選挙権を比例代表選挙に限定する公職選挙法の規定は合憲?違憲?	公務員の選定罷免権(15条)などの観点から違憲
在外日本人国民審査制限違憲判決	海外に住む日本人が国民審査に参加することを制限する国民審査法の規定は合憲?違憲?	公務員の選定罷免権(15条)などの観点から違憲

〈ノート4〉請求権に関する重要判例

判例名	争点	最高裁
郵便法損害賠償制限違憲判決	書留郵便の配達遅れで生じた損害について国の賠償責任を限定的とする郵便法の規定は合憲?違憲?	国家賠償請求権(第17条)の観点から違憲

テーマ25 新しい人権

新しい人権とは　**新しい人権**とは、憲法に規定されてはいないけど主張されるようになった権利のこと！　例えばプライバシーの権利は憲法のどこにも規定がないけど、今じゃ当たり前に主張されるよね。社会はどんどん変化しているから、憲法制定時には想定されなかった権利が主張されるようになったんだ。以下の新しい人権は、もちろん全部憲法に規定がないからね！

プライバシーの権利　**プライバシーの権利**は、これまで「私生活をみだりに公開されない権利」として**幸福追求権**（第13条）を根拠に主張されてきた。でも、高度情報社会の進展により個人情報が知らない間に利用されてしまうなど、プライバシーに関してさまざまな問題が発生したことで、近年はプライバシーの権利は「自分に関する情報を自らコントロールする権利」（**自己情報コントロール権**）とも解釈されるようになったんだ。自分に関する情報を自ら管理して、勝手に利用させないようにするって感じだね。ちなみに、プライバシーの権利を初めて認めた判例は『宴のあと』事件で、勝手に小説のモデルにされた人物が作者を訴え、プライバシーの権利が認められたんだ。そうそう、**2003年**に行政機関や民間企業などに個人情報の適正な取り扱いを義務づける**個人情報保護法**も制定されたよ。

環境権　**環境権**は、よい環境を享受する権利のこと。この権利は高度経済成長期に各地で公害が発生するようになった頃から、**生存権**（第25条）や**幸福追求権**（第13条）を根拠に主張され始めたんだ。環境権に関する法律としては**環境基本法**（**1993年**制定）があるけど、この法律に「環境権」という文言はないよ。というか、実は最高裁判所はこれまで環境権を法的な権利として認めたことが一度もないからね！

知る権利　**知る権利**は、国や地方公共団体が持つ情報を国民が知る権利（情報の公開を要求する権利）のこと！　この権利は、**表現の自由**（第21条）や**国民主権**（前文・第1条）を根拠に主張されるんだけど、なんで表現の自由が根拠になると思う？　なぜなら、私たちは政府の持っている情報を知ってはじめて、政府に対して「ムダをなくして！」とかの表現活動ができるよね。つまり、表現の自由が憲法で保障されているということは、その前提となる知る権利も当然認められるでしょ？　ってこと。

知る権利に関する法律としては、**情報公開法**がある。この法律により、中央省庁が持つ行政情報の開示請求を全ての人に認める情報公開制度が導入されたんだ。ただし！　この情報公開法には「知る権利」っていう文言はないけどね。

アクセス権　**アクセス権**は、マスメディアを通して（マスメディアに対して）意見を表明したり反論をする権利。マスメディアへのアクセスをする権利って感じで、**表現の自由**が根拠だよ。

自己決定権　**自己決定権**は、文字通り自分のこと（自分の人生）をどのようにするかを自分で決定する権利だ。「どのような治療にするか」、「延命治療をするかしないか」など、人生を左右する医療の場面と特に関係の深い権利だね。

〈ノート1〉新しい人権とその根拠

	プライバシーの権利	環境権
内容	私生活をみだりに公開されない権利＋自分に関する情報を自らコントロールする権利	良い環境を享受する権利
根拠条文	幸福追求権（第13条）	生存権（第25条） 幸福追求権（第13条）
関連事項	㊗「『宴のあと』事件」 関連法：個人情報保護法	関連法：環境基本法

	知る権利	アクセス権
内容	国や地方公共団体が持つ情報を国民が知る権利	マスメディアを通して（マスメディアに対して）意見表明したり反論をする権利
根拠条文	表現の自由（第21条） 国民主権（前文・第1条）	表現の自由（第21条）
関連事項	関連法：情報公開法	判例：サンケイ新聞意見広告訴訟（最高裁 アクセス権認めず）

	自己決定権
内容	自分の人生をどのようにするかを自分で決定する権利
根拠条文	幸福追求権（第13条）
関連事項	特に医療の場面と関係が深い

〈ノート2〉忘れられる権利（＋αの知識）

近年、「忘れられる権利」がたびたび主張される。

↓

忘れられる権利：犯罪歴などを含む、自分に関する情報をインターネット上（検索結果など）から削除してもらう権利。

↓

犯罪の場合はもちろん、近年は悪ふざけなどにより「炎上」する人が後を絶たず、当然それらの情報はずっとインターネット上に残る。

↓

みんなは忘れられる権利が認められることに賛成？それとも反対？その理由は？

テーマ 26　国会①（国会の地位と権限・国会の種類）

国会とは　国会は、選挙で選ばれた私たちの代表者、すなわち国会議員がさまざまな議論や決定を行うところだ。そんな私たちの代表者で構成される国会を、憲法は「**国権の最高機関**であつて、**国の唯一の立法機関**」（第41条）としている。ただし、実は憲法は国会以外の立法もいくつか例外的に認めているから、それらを ✐ノート1 で確認してね！

さて、国会は**衆議院**と**参議院**の**二院制**だけど、そもそもなんで2つに分かれてると思う？　それは、①分かれていればより慎重に審議できるし、②任期や選挙方法、解散の有無など衆参を特徴の異なる院にすることで、多様な意見を審議に反映できるから、などが挙げられるよ。

国会や各院の権限　国会の仕事は法律を作るだけじゃない！　代表的な仕事は以下だ！

①**法律案の議決**：法律案を効力のある法律にする。ちなみに法律案は国会議員だけでなく内閣も提出できて、しかも内閣提出法案のほうが国会での成立率が一般に高いよ。

②**条約の承認**：内閣が**締結**する他国との条約を、その締結の事前もしくは事後に**承認**する（OKする）んだ。内閣が結ぶ条約を○か×か判断するってことだと思って！

③**予算の議決**：内閣が**作成**する国の予算案（国の収入・支出をどうするかの案）を国会が**議決**して、国が使えるお金の額を決定する。内閣が作ったお金に関する計画をチェックするってこと！　ちなみに予算案は必ず衆議院から先に審議・議決するからね。

④**内閣総理大臣の指名**：行政のトップである**内閣総理大臣**を誰にするのか**指名**するよ。そして国会の指名に基づいて、**天皇**が内閣総理大臣の**任命**を行う（役職に就かせる）んだ。

⑤**内閣不信任決議**：衆議院だけの権限として、内閣を総辞職させることができるぞ！

⑥**国政調査**：衆参はそれぞれ、国政全般に関する調査を行うために、証人の出頭や証言・記録の提出を要求することができる！　ただし裁判所に行使して司法権の独立を侵すのはダメとされるよ。

⑦**弾劾裁判所の設置**：著しい非行を行った**裁判官**を罷免する（辞めさせる）**弾劾裁判所**を設置できる！

⑧**憲法改正の発議**：憲法改正の手続きは超超超大事だから、✐ノート3 で絶対確認！

他にも**議員懲罰権**をはじめとして色々権限はあるけど、まずは上記をおさえてほしいな。

国会の種類　国会は召集されるタイミングによって呼ばれ方が変わるんだ。以下をチェック！

名前	召集のタイミングや主な議題など
通常国会（常会）	タイミング：毎年1月に召集。会期は150日。 主な議題：予算案の審議など
臨時国会（臨時会）	タイミング：①内閣が必要と認めた時、②いずれかの院の総議員の4分の1以上が要求をした時、③衆議院の任期満了による選挙後、④参議院の通常選挙後。
特別国会（特別会）	タイミング：衆議院の解散総選挙後30日以内。 主な議題：**内閣総理大臣の指名**
参議院の緊急集会	タイミング：衆議院の解散中に緊急事態が起きた時、内閣の要請により参議院だけで開催。※参議院だけなので国会ではなく集会となる。

〈ノート1〉憲法が認める国会以外の立法

① 内閣 による 政令 の 制定 (73条)
② 地方公共団体 による 条例 の 制定 (94条)
③ 最高裁判所 による 裁判所規則 の 制定 (77条)
④ 両議院(衆議院・参議院)による 議院規則 の 制定 (58条)

> 国会 としてではなく、衆 と 参 が 独自に 議院の規則 を 作れる

〈ノート2〉国会が内閣と裁判所に対して持つ権限

衆議院		参議院
4年	任期	6年(3年ごとに半数改選)
あり	解散	なし
25歳以上	被選挙権	30歳以上

選挙 ← 国民

条約の承認
予算の議決
国政調査
内閣総理大臣の指名
内閣不信任決議(衆)
→ 内閣

弾劾裁判所の設置
→ 裁判所

〈ノート3〉憲法改正のプロセス

改正原案 → 【国会】衆議院総議員の 2/3 以上の賛成 / 参議院総議員の 2/3 以上の賛成 → 憲法改正の発議 → 【国民】国民投票で有効投票数の過半数の賛成 → 改正成立 → 天皇が国民の名で新憲法公布

国会②（立法過程・衆議院の優越・国会議員の特権）

立法過程　では、国会の大事な仕事である立法がどのような過程で行われるのか（どのように法律は制定されるのか）を見ていこう！　**ノート1**を見ながら確認してね。

①法律案はまず、衆参どちらか片方の院の**議長**に提出される。ちなみに法律案は衆参どちらが先でもOKだよ。②そしたら次に、人数を限定した国会議員たちで構成される**委員会**でその法律案は審議されるんだ。いきなり全員で法律案の審議をしても収集がつかなくなっちゃうからね。そうそう、法律案の主な審議はこの委員会で行うから、**委員会中心主義**と呼ばれたりもするよ。そして委員会で法律案が可決されたら、③次にたくさんの国会議員たちで構成される**本会議**で審議を行い、そこで可決されれば法律案はめでたくその院を通過となる。④そして同様の過程をもう一方の院で行い、両院を通過すれば（両院の議決が一致したとき）国会全体としての議決となり、法律が成立するんだ。

ただし！　衆と参の議決が一致しないときは……**衆議院の優越**が発動されることがある！

衆議院の優越　衆議院の優越とは、衆と参で異なる議決をしたとき、衆が優越する場合があるってことだ！　どのような条件がそろうと衆議院の優越が認められるかを確認していくよ！

☆**衆議院の優越Ⅰ：法律案の再可決**

→ある法律案を、衆議院は可決したけど参議院が否決したときは（衆と参の議決が異なる場合）、その法律案は衆議院にまた戻されて、衆議院の**出席議員の3分の2以上**の多数で再度可決すれば法律として制定されるんだ！　ちなみに、衆議院が可決した法案を参議院が**60日以内**に議決しない時も、同様に衆議院の出席議員の3分の2以上で再可決できるよ。

☆**衆議院の優越Ⅱ：①予算の議決、②条約の承認、③内閣総理大臣の指名**の優越

→これらの3点に関して衆と参の議決が異なってしまった時（例えば衆が「Aさんを総理に指名」したけど、参は「Bさんを総理に指名」した場合）、話し合いの場として**両院協議会**が必ず開かれる。それでも衆と参の意見が一致しない時は、衆議院の議決がそのまま国会の議決となるんだ（つまりAさんが総理に指名される）！　ポイントは3分の2以上の再可決なんていらなくて衆議院の決定がそのまま国会全体の決定になるっていう点！　ちなみに、①と②については衆議院の議決後**30日以内**、③は**10日以内**に参議院が議決をしない場合、衆議院の議決がそのまま自動的に国会の議決となるよ（自然成立）。

国会議員の特権　憲法では、国会議員は「**全国民を代表する選挙された議員**」（第43条）って規定されているんだけど、じゃあ国会議員になるとどんな特権を得られるのか？　っていうのをラストに見ていこうか。まずは**歳費特権**。国会議員は法律の定めるところにより国庫から相当額の歳費（お金）を受け取ることができるんだ。ちなみに一般の国会議員ならば歳費だけで毎月約129万円（2022年現在）。わお。次は**免責特権**。国会議員は、**国会内**で行った発言・演説・討論などについて、院外で責任（刑罰や損害賠償など）を問われないんだ。最後に**不逮捕特権**。国会議員は**国会の会期中**ならば逮捕されないんだ。国会議員の任期中じゃないよ！　ただし、**現行犯**や各議院の**逮捕許諾**がある場合は会期中でも逮捕されるけどね。

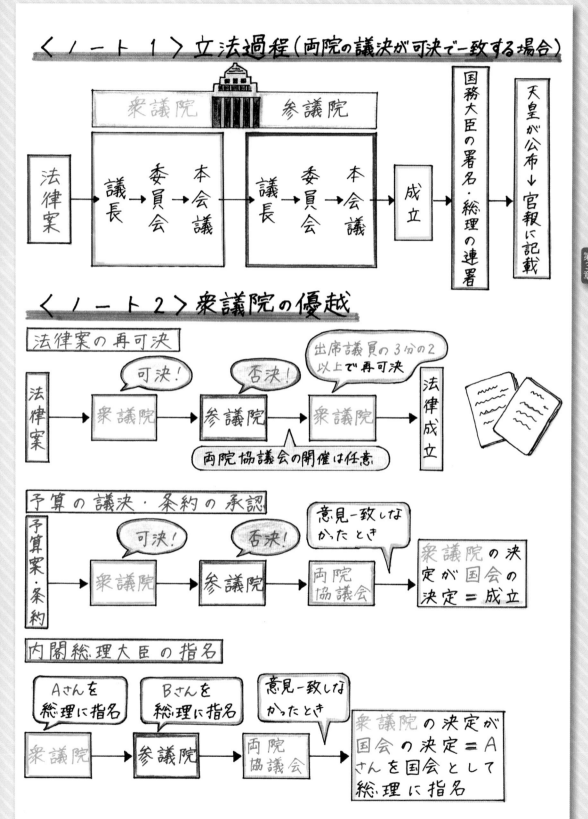

〈ノート1〉立法過程（両院の議決が可決で一致する場合）

衆議院　参議院

法律案 → 議長 → 委員会 → 本会議 → 議長 → 委員会 → 本会議 → 成立 → 国務大臣の署名・総理の連署 → 天皇が公布↓官報に記載

〈ノート2〉衆議院の優越

法律案の再可決

法律案 → 衆議院「可決！」 → 参議院「否決！」 → 衆議院「出席議員の3分の2以上で再可決」 → 法律成立

両院協議会の開催は任意

予算の議決・条約の承認

予算案・条約 → 衆議院「可決！」 → 参議院「否決！」 → 両院協議会「意見一致しなかったとき」 → 衆議院の決定が国会の決定＝成立

内閣総理大臣の指名

衆議院「Aさんを総理に指名」 → 参議院「Bさんを総理に指名」 → 両院協議会「意見一致しなかったとき」 → 衆議院の決定が国会の決定＝Aさんを国会として総理に指名

内閣

内閣とは　内閣は**首長**である**内閣総理大臣**と、その他の**国務大臣**(文部科学大臣とか防衛大臣とか)で構成されるチームで、総理が主宰する**閣議**での決定に基づいて行政権を行使するよ(ちなみに閣議は全会一致制)。

日本は**議院内閣制**を採用しているから、内閣は国会の信任を基盤に存立していて、行政権の行使について国会に対して連帯して(チーム一丸で)責任を負うことになっている。だから、①内閣総理大臣は**国会議員の中から**国会の議決で指名されるし、②内閣総理大臣は任意に(自由に)国務大臣を**任命・罷免**できるけど、国務大臣の過半数は国会議員でなければならないという縛りがある。他にも③衆議院が内閣を信任しない場合、内閣は総辞職するか衆議院を解散するかを選ばなければならない。この③は下のほうでもう少し詳しく説明するね！

内閣の権限　では、内閣の代表的な仕事を見ていこうか！

①**法律の執行**：国会が制定した法律を誠実に執行する仕事。

②**条約の締結**：他国との間で条約を**締結**する(結ぶ)のは内閣の仕事。それを国会が事前もしくは事後に**承認**するんだったよね(**テーマ26**の復習)。

③**予算の作成**：予算案(国の収入・支出をどうするかの案)を**作成**して国会に提出する。それを国会が**議決**(○か×か判断する)するよ(**テーマ26**の復習)。

④**政令の制定**：政令っていうのは、ざっくり言うと内閣が作る拘束力のあるルールのこと。ただし、政令は法律の委任がある場合を除いて罰則を設けることができないんだ。

⑤**天皇の国事行為に対する助言と承認**：天皇の国事行為は、内閣が責任を負うよ。

⑥**最高裁判所長官の指名、その他の裁判官の任命**：内閣は司法のトップである**最高裁判所長官**を指名するし(任命は天皇)、**長官以外のすべての裁判官を任命**するからね。

衆議院が内閣不信任案を可決した時　このページの上でも説明したように、日本は議院内閣制を採用していて内閣は国会の信任を基盤に存立しているから、もし衆議院が「もう内閣なんて信用できない！」ってときは(内閣不信任を可決したら)、内閣は①**総辞職**する(自分たちだけ辞める)か、②**衆議院を解散する**(衆議院議員全員に辞めてもらう)のどちらかを選ばなければならないんだ(第69条)。②は衆議院の不信任に対する内閣の対抗手段だね。ただ、**ノート2**を見ればわかるように、内閣は②を選んでも最終的に総辞職するよ。

内閣が独自の判断で衆議院を解散する時　そうそう、内閣は衆議院から不信任を突きつけられていなくても、独自の判断で衆議院を解散することができるんだ。どうやるのかというと、天皇の国事行為の1つに「**衆議院の解散**」(第7条)があるから、内閣はそれを活用する。具体的には、内閣は天皇に助言と承認を行うことで、天皇の国事行為として衆議院の解散をしてもらうんだ！**ノート2**を見てイメージをつかんでね。

最後に、内閣は何らかの理由で内閣総理大臣が欠けた時も総辞職しなければならないという点もおさえておくとGOOD。ちなみに総理以外の大臣が欠けた時は総辞職の必要はないよ。

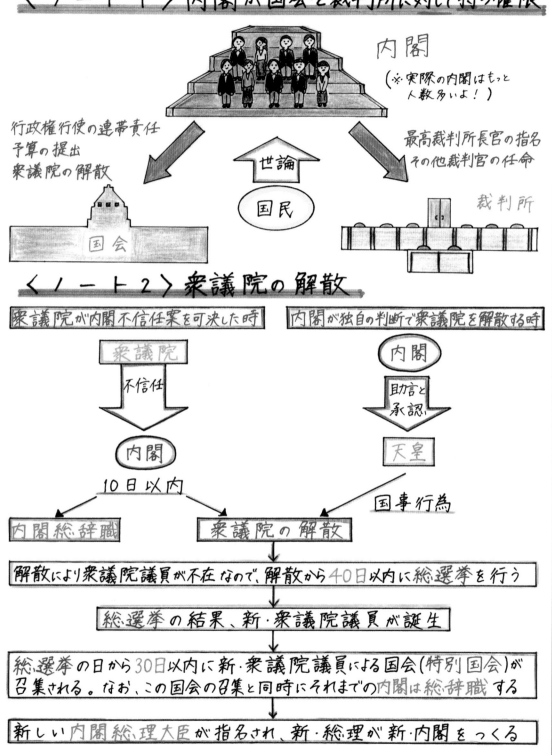

〈ノート1〉内閣が国会と裁判所に対して持つ権限

内閣
(※実際の内閣はもっと
人数多いよ！)

行政権行使の連帯責任
予算の提出
衆議院の解散

最高裁判所長官の指名
その他裁判官の任命

世論
国民

国会

裁判所

〈ノート2〉衆議院の解散

衆議院が内閣不信任案を可決した時

衆議院
↓不信任
内閣
10日以内

内閣が独自の判断で衆議院を解散する時

内閣
↓助言と承認
天皇
国事行為

内閣総辞職　　　衆議院の解散

解散により衆議院議員が不在なので、解散から40日以内に総選挙を行う

総選挙の結果、新・衆議院議員が誕生

総選挙の日から30日以内に新・衆議院議員による国会(特別国会)が召集される。なお、この国会の召集と同時にそれまでの内閣は総辞職する

新しい内閣総理大臣が指名され、新・総理が新・内閣をつくる

テーマ29 裁判所①（裁判官・裁判の仕組み）

裁判所とは　裁判所は、司法権を行使してさまざまな争いを解決する機関だ。そんな裁判所には、**最高裁判所**と**下級裁判所**（具体的には**高等裁判所・地方裁判所・家庭裁判所・簡易裁判所**）がある。そして不当な裁判を防ぐために、通常の裁判所以外の裁判所である**特別裁判所**の設置は憲法で禁止されている。これは、戦前に存在してしまった**行政裁判所・軍法会議・皇室裁判所**という3つの特別裁判所の反省からだね。

　裁判は国民の権利や生活に重要な影響を及ぼすから、厳正かつ公正に行われなければならない。そのために、裁判所が他の国家機関から干渉されない**裁判所の独立**と、裁判官が他の裁判官から干渉されない**裁判官の独立**がとても重要とされているんだ。ただ、それらの独立が脅かされそうになった事件もあったから、✐ノート1で事件名をおさえてね。

　裁判官　それでは、裁判を行う裁判官について学習していくよ！　まず、司法のトップである**最高裁判所の長官**は**内閣**の指名にもとづいて**天皇**が任命する。長官以外の最高裁の裁判官は**内閣**が任命するよ（**テーマ28**の復習）。そして**下級裁判所の裁判官**は**最高裁判所**が指名した者の名簿をもとに、**内閣**が任命する。ここら辺はごっちゃになりやすいから注意ね！

　このようにして任命される裁判官は、「すべて裁判官は、その**良心**に従ひ**独立**してその職権を行ひ、この**憲法**及び**法律**にのみ拘束される」（第76条）と憲法で規定されているんだ。「裁判官とは何ぞや」を規定する大事な条文だね。そんな裁判官にはさまざまな身分保障がされていて、例えば、憲法では**行政機関**による裁判官の懲戒（ちょうかい）処分は禁止されているし、裁判官の在任中の報酬の減額も禁止されている（うらやましい）。さらに、裁判官が罷免（ひめん）されるのはたった3つのケースだけだから、✐ノート2を必ず確認してね！　特に**国民審査**は重要だ！

　裁判の仕組み　裁判の種類は、①窃盗や殺人など犯罪行為を裁く**刑事裁判**と、②金銭トラブルなど私人間での争いを解決するための**民事裁判**に分類される。①刑事裁判は罪を犯した疑いがある人（**被疑者**）を**検察官**が**起訴する**（裁判にかける）ことで始まり、起訴された被疑者＝**被告人**の弁護を**弁護人**が行うよ。なお、刑事裁判では弁護人をつける費用がない人には、国が費用を負担して**国選弁護人**をつけるからね。そして②民事裁判は、ある人（**原告**）が別の人（**被告**）を訴えることで始まり、一般的には弁護人がそれぞれの訴訟代理人として争うんだ。ちなみに行政を訴える**行政裁判**は民事裁判の一種だよ。

　裁判は慎重を期する必要があるから、**三審制**がとられている。第一審の判決に不服がある場合は第二審へ**控訴**（こうそ）し、第二審に不服がある場合は第三審へ**上告**することができる。注意してほしいのが、第三審は最高裁判所で行われるとは限らないという点だよ（✐ノート3）。

　そんな裁判の**判決**（裁判結果）は全て公開されるんだけど、**対審**（法廷での審理）は必ずしも公開とは限らないんだ。というのも、対審は公開法廷で行うことが原則だけど、裁判官が全員一致で公の秩序または善良の風俗を害するおそれがあるとした場合には、対審は非公開にできるんだ。ただし！　**政治犯罪、出版に関する犯罪、国民の権利が問題になっている事件**の3例だけは、常に対審を公開しなければならないと憲法で決まっているからね。

〈ノート1〉司法権の独立に関する事件

- ● 行政権からの干渉が問題となった事件 → 大津事件
- ● 立法権からの干渉が問題となった事件 → 浦和事件
- ● 司法権内部での干渉が問題となった事件 → 平賀書簡事件

〈ノート2〉裁判官が罷免される3つのケース

裁判官が罷免されるのは以下の3つのケースのみ！

① 病気や怪我などによる心身の故障で職務を行うのが不可能と裁判で決定した時
② 公の弾劾（＝国会による弾劾裁判）で罷免が決定した時
③ 国民審査で罷免が決定した時（最高裁判所裁判官のみ）

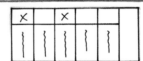

☆国民審査って何？

最高裁判所の裁判官は、任命後初の衆議院議員総選挙の投票日に、
その職責にふさわしい者かどうか国民からの審査（国民審査）を受ける。
→ 選挙権を持つ18歳以上の国民は辞めさせたいと思う最高裁判所裁判官に「×」をつけ、「×」が有効投票総数の過半数となった裁判官は罷免される。

〈ノート3〉三審制

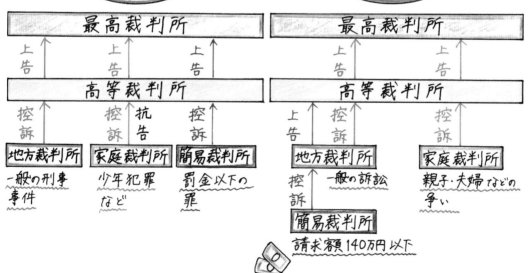

刑事裁判

- 最高裁判所
  - ↑ 上告 ↑ 上告 ↑ 上告
- 高等裁判所
  - ↑ 控訴 ↑ 控訴 ↑ 抗告 ↑ 控訴
- 地方裁判所 — 一般の刑事事件
- 家庭裁判所 — 少年犯罪など
- 簡易裁判所 — 罰金以下の罪

民事裁判

- 最高裁判所
  - ↑ 上告 ↑ 上告
- 高等裁判所
  - ↑ 上告 ↑ 控訴 ↑ 控訴
- 地方裁判所 — 一般の訴訟
  - ↑ 控訴
- 簡易裁判所 — 請求額140万円以下
- 家庭裁判所 — 親子・夫婦などの争い

テーマ30 裁判所②（違憲審査権・国民の司法参加）

違憲審査権　ここでは、裁判所が国会や内閣に対して持っている超強い権限である**違憲審査権（違憲立法審査権／違憲法令審査権）**を学習するよ！

違憲審査権とは、国会が作った法律や内閣が定めた政令などが「憲法に違反していないか？」を裁判所がチェックして、違反している場合にそれらを違憲として無効にすることができる権限だ。例えば、国会の決定は多数決で行われるから、国会の多数派が作った法律が少数の国民の権利を侵害してしまうことがあり得るよね。そんな時に、裁判所がそんな法律にSTOPをかけることができるんだ。以下に違憲審査権の重要ポイントをまとめたから必ず確認してね！

①一切の**法律・命令・規則・処分**が違憲審査の対象（法律だけじゃない！）。

②最高裁判所はもちろん、全ての裁判所が違憲審査権を持っている。なお、最高裁判所は最終的な違憲審査を行う点から**憲法の番人**と呼ばれる。

③具体的事件の裁判の中で、裁判所がその事件で適用される法律や命令などの違憲審査を行う（**付随的違憲審査制度**）。事件が起きないと（事件から離れて）違憲審査はできない。

④法律が違憲になってもその法律は即座に消滅せず、その事件内でのみ無効となる。

裁判員制度　2009年から**裁判員制度**が始まったんだけど、みんなは名前くらいは聞いたことあるかな？　これはざっくり言うと国民が重大な刑事裁判に直接参加して、裁判官と一緒に審議をして判決を出す制度なんだけど、以下でポイントを説明するね。

裁判員制度は、①殺人などの重大な**刑事裁判の第一審**において、②有権者の中から事件ごとにくじで選ばれた**裁判員**が、③プロの裁判官と一緒に（裁判官3人と、くじで選ばれた裁判員6人の合議体で）、④有罪か無罪かの判断（事実認定）だけでなく、⑤有罪の場合はどのような刑罰を科すか（**量刑**）を決定するっていう制度だよ。ノート2やノート3をチェックしてみてね！

検察審査会制度　裁判員制度を知っている人は多いと思うけど、じゃあ、**検察審査会制度**って知ってる？　これも国民が司法に参加する制度だから説明するね。

検察審査会制度とは、**検察官**が特定の刑事事件の被疑者を**不起訴**（＝裁判にかけない）とした場合、その不起訴が妥当なものであったか（本当に裁判にかけなくてもよいのか？）を審査する制度なんだけど、その検察審査会のメンバーは有権者の中から無作為にくじで選ばれた国民によって構成されるんだ！ポイントは検察官が起訴した時じゃなくて不起訴とした時だからね！　そして国民から選ばれた検察審査会が二度、起訴が相当（裁判にかけるべき！）と判断すれば、検察官に代わって弁護士が被疑者を起訴して裁判が始まるんだ。

司法改革　最後に、いくつかの司法改革を紹介するね。①東京高等裁判所の特別支部として、特許権などの知的財産権に関する訴訟を専門に扱う**知的財産高等裁判所**が設置されている。②一定の重大事件の刑事裁判では、被害者やその家族が裁判に参加して直接質問をしたりする**被害者参加制度**が導入されているんだ。③冤罪防止のために取り調べを録音・録画する**取り調べの可視化**が進んでいて、裁判員制度の対象事件の取り調べは録音・録画が義務となっているよ。

〈 ノート 1 〉 裁判所が国会と内閣に対して持つ権限

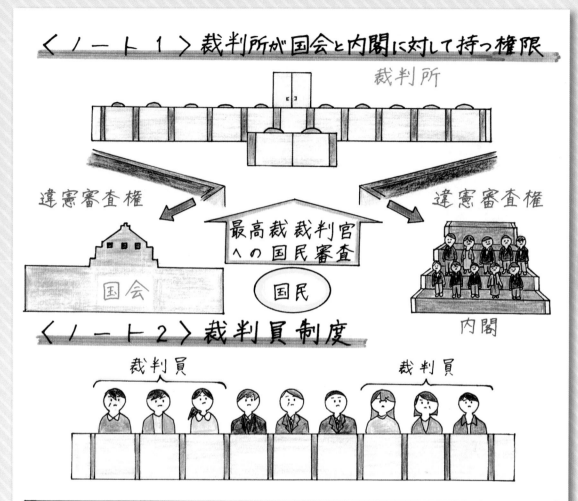

裁判所

違憲審査権

違憲審査権

最高裁裁判官への国民審査

国会

国民

内閣

〈 ノート 2 〉 裁判員制度

裁判員

裁判員

☆ポイント
① 対象は殺人などの重大な刑事事件の第一審。
② 裁判員は有権者の中から事件ごとにくじで選ばれる。
③ 裁判官3人と裁判員6人が一緒に有罪無罪の判断(事実認定)
　 だけでなく、有罪の場合はどのような刑罰を科すか(量刑)を決定する。

〈 ノート 3 〉 他国の国民が司法に参加する制度

アメリカやイギリスでは、国民から無作為に選ばれた陪審員が裁判に
参加する陪審制が導入されている。これは陪審員だけで事実確認を行い
有罪ならばプロの裁判官だけで量刑を決める分業制となっている。

裁判員制度		陪審制
日本	国	アメリカ・イギリスなど
裁判官と裁判員が一緒に決める	事実認定	陪審員だけで決める
裁判官と裁判員が一緒に決める	量刑	裁判官だけで決める

各国の政治制度

さまざまな政治制度 国が違えば歴史や文化だけでなく政治制度も異なる。ということで、日本の国会・内閣・裁判所を勉強した後は他の国の政治制度も見ていこうか！

イギリスの政治制度 イギリスは**議院内閣制**を採用している国だから、行政府である**内閣**が立法府である**議会**の信任を基盤として存立しているんだ。

イギリスの議会は**上院（貴族院）**と**下院（庶民院）**の二院制で、上院議員は国民が選べず（非民選で）貴族などがなるけど、下院議員は国民が選挙で選ぶんだ。そして、当然といえば当然だけど国民が選ぶ**下院**が上院より権限が優位となっているからね。また、**下院**で最も多くの議席を獲得した**第一党の党首**を**国王**が**首相**に任命して、その首相が国務大臣と内閣を組織するんだ。このような形で内閣が成立するから内閣と下院が自然と協働関係になるけど、もし下院が内閣不信任決議をするようならば内閣は総辞職するか下院の解散を選択するよ。

イギリスでは主に**保守党**と**労働党**の二大政党が下院の議席を争っていて、政権につかない**野党**は**影の内閣（シャドーキャビネット）**を組織して、**与党**と政策論争を行い政権交代を目指すんだ。司法に関しては、長年にわたって上院が最高司法裁判所の役割を担ってきたんだけど、2009年に議会から独立した最高裁判所が新たに作られたんだ。なお、**イギリスの裁判所には日本と違って違憲審査権がない**からね。そうそう、イギリスでは「国王は君臨すれども統治せず」という伝統があり、国王は形式的な権限を持つけど政治的な実権は持たないよ。

アメリカの政治制度 アメリカはみんなもご存知の通り**大統領制**を採用している国で、**国家元首**であり行政を担う**大統領**と、立法府である**連邦議会**が厳格に分立しているんだ。例えば、大統領は議会を解散したり議会に法律案を提出することが**できない**し、議会も大統領に不信任を行うことが**できない**んだ。ただし例外的に、大統領は議会に対して自己の政策などを示す**教書**を送ることができたり、議会の可決した法律案に**拒否権**を行使することができるけどね。また、議会は大統領が犯罪行為を行うなど非行があった場合に、下院の訴追に基づいて上院が**弾劾**決議を行い大統領を解任できるんだ（不信任とは違うよ！）。

アメリカの大統領の任期は1期4年で3選禁止となっている。大統領は国民による選挙を経て選ばれるんだけど、実は国民が大統領を直接選ぶのではなくて、国民が大統領選挙人という大統領を選出する人たちを選挙で選び、その大統領選挙人が大統領を選ぶという**間接選挙**が採用されているんだ。なお、**アメリカの裁判所は違憲審査権を持っている**よ。

フランス・ドイツの政治制度 フランスやドイツには首相だけでなく大統領もいるんだけど、**フランスでは大統領の権限が強く（半大統領制）**、**ドイツでは首相の権限が強い**んだ。

中国の政治制度 中国は、国家の最高機関である**全国人民代表大会**に権力を集中する**民主集中制（権力集中制）**を採用していて、権力分立は極めて薄いんだ。人民を代表する全国人民代表大会の下に、行政府として**国務院**が、司法機関として**最高人民法院**が置かれているよ。

〈ノート1〉イギリスの政治制度

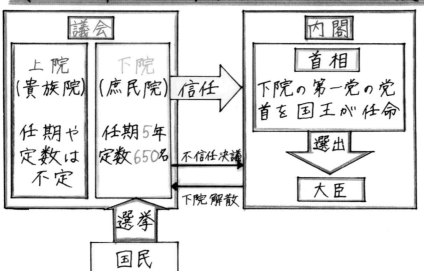

議会			内閣	裁判所
上院 (貴族院) 任期や 定数は 不定	下院 (庶民院) 任期5年 定数650名	信任	首相 下院の第一党の党 首を国王が任命 選出 大臣	議会や内閣に 対する違憲審 査権 ナシ 2009年に最高 裁判所が新設

不信任決議

下院解散

選挙

国民

〈ノート2〉アメリカの政治制度

違憲審査権

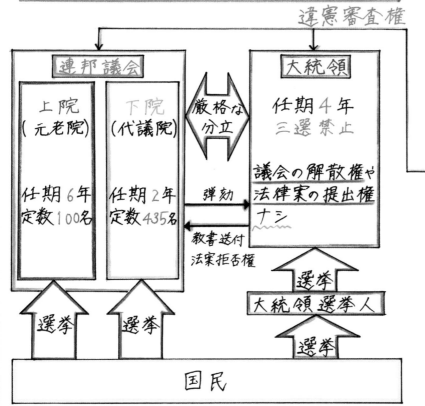

連邦議会			大統領	連邦最高裁判所
上院 (元老院) 任期6年 定数100名	下院 (代議院) 任期2年 定数435名	厳格な 分立 弾劾	任期4年 三選禁止 議会の解散権や 法律案の提出権 ナシ	連邦議会や大 統領に対する 違憲審査権 アリ

教書送付
法案拒否権

選挙　選挙　選挙

大統領選挙人

選挙

国民

テーマ32 地方自治①(地方自治の本旨・地方公共団体の仕組み)

地方自治の本旨　日本には大小さまざまな**地方公共団体**(都道府県や市区町村など)が存在していて、それぞれの地域ごとにその地域に住む人々の手によって政治が行われている。これを**地方自治**と呼ぶんだ。そして私たちは身近な地域の政治に参加することを通して、民主主義の担い手として大切な事柄を色々と学ぶことができるよね。この点に注目した**イギリスの政治学者ブライス**は、「**地方自治は民主主義の学校**」と主張したよ。

戦前の大日本帝国憲法には地方自治に関する規定がなかったんだけど、現在の日本国憲法には地方自治の規定がもちろんあって、例えば「地方公共団体の組織及び運営に関する事項は、**地方自治の本旨**に基いて、法律でこれを定める」(第92条)とされる。この「地方自治の本旨」って言葉がとっても大切だから説明するね。

地方自治の本旨、すなわち地方が自ら治めることの本来の趣旨は2つあって、それらは①地方公共団体が国(中央政府)から独立して地域の政治を独自に行うという**団体自治**と、②地方公共団体の政治がその地域に住む住民の意思に基づいて行われるという**住民自治**だ。そして①団体自治を実現するために、地方公共団体には法律の範囲内で独自に**条例**を制定する権利が認められているし、②住民自治を実現するために、住民による首長や地方議会議員の直接選挙や、直接請求が認められているよ(ノート1)。

地方公共団体の組織　それぞれの地方公共団体には、**議決機関**(**議事機関**)として**議会**(県議会や市議会など)があり、**執行機関**として**首長**(知事や市町村長)がいて、両方とも住民の直接選挙で選出されるよ(**二元代表制**)。議会はその地域の条例や予算を作ったりするし、首長は知事の活動などを思い出してもらえればイメージしやすいんじゃないかな。ポイントは議会と首長がそれぞれ相手に対して何ができるかという点だから、ノート2を必ず確認してね!

直接請求権　地方公共団体では、一定以上の有権者の**署名**を集めれば「こんな条例作って!」とか「市長辞めて!」などさまざまな事柄を住民が請求することができるんだ(**直接請求**)。署名が実際にパワーになるってことだね。署名を集めれば「何を請求できるか」とか「どれだけの署名が必要なのか」をノート3でまとめるから確認してね!

住民投票(レファレンダム)　地域の住民が特定の事柄に「賛成or反対」の票を投じる**住民投票**が行われることがあるんだけど、特に大切な2つのパターンについて説明するね。

①**特別法の住民投票**(憲法第95条):**特別法**というのは、**国会が作る特定の地方公共団体だけで適用される法律**のこと。国会が特別法を作っても、適用される地方公共団体の住民投票において過半数の賛成を得られなければ法律として発効されないんだ。条例と似ているけど、条例は地方公共団体の議会が作るものだから(主語が全く違うから)混ぜないでね!

②**「住民投票条例」に基づく住民投票**:地域の重要な問題や政策について、住民に賛否を問うための**条例**(住民投票条例)を作って、その条例に基づいて住民投票が行われることがある。でもこの時の住民投票の結果に**法的拘束力はない**んだ!

＜ノート1＞地方自治の本旨

本旨＝本来の趣旨

地方自治の本旨

団体自治

地方公共団体が国（中央政府）から独立して地域の政治を独自に行う

↓

地方公共団体独自の条例や予算を作ることが認められる

住民自治

地方公共団体の政治がその地域に住む住民の意思に基づいて行われる

↓

住民による首長や地方議会議員の直接選挙や,直接請求が認められる

＜ノート2＞地方公共団体の組織

議会
（都道府県議会や市町村議会）
任期4年
被選挙権：25歳以上
一院制

不信任決議権 →

← 拒否権（議会の条例や予算を再議に付す）
解散権（不信任受けてから10日以内）

首長
（知事や市町村長）
任期4年
被選挙権：知事30歳以上
市町村長25歳以上

＜ノート3＞直接請求権

請求の種類	必要署名数 地域の有権者の…	請求先（署名提出先）	署名提出後の取り扱い
条例の制定や改廃	50分の1以上	首長	首長が議会にかけ、その後結果を公表
事務監査	50分の1以上	監査委員	監査し結果を発表
議会の解散	3分の1以上 ※	選挙管理委員会	住民投票を行い、過半数の賛成で解散
首長・議員の解職	3分の1以上 ※	選挙管理委員会	住民投票を行い、過半数の賛成で解職
主要公務員の解職	3分の1以上 ※	首長	総議員の3分の2以上が出席する議会で、4分の3以上の賛成で解職

※原則（地域の有権者が40万人未満の場合）

テーマ33 地方自治②（地方自治体の財政・地方分権）

地方自治体の財政　現在、全国の地方公共団体の多くがお金の面で苦しい状況に立たされている。地方公共団体はそこに住む住民から**地方税**（住民税や固定資産税など）を徴収して、それを**自主財源**としてさまざまな政策を行っている。でも実は、全国にある地方公共団体の歳入（収入）全体を見てみると、歳入に占める自主財源の割合は全然高くないんだ（これを**3割自治〔4割自治〕**と呼ぶ）！ じゃあ全国の地方公共団体は足りない収入をどうしているのか？　答えは多くを国からの援助（**依存財源**）に頼っているんだ！　🖊**ノート1**を見るとイメージをつかみやすいはず。そして依存財源の中身としては、A：地方公共団体間での財政力格差是正のために国から**使途の指定なし**で交付される**地方交付税交付金**、B：国から**使途を指定して**交付される**国庫支出金**、C：地方公共団体の借金である**地方債**があるんだ。みんなも保護者の方からお金を渡される際に「大事に使いなさいよ！」って渡される時や「参考書を買うために使いなさいよ！」って渡される時があるでしょ？　前者が地方交付税交付金で後者が国庫支出金のイメージね！

そんな国からの援助に頼っている地方の財政状況を改善するために、**三位一体の改革**が行われたんだ。これは①国から地方公共団体への補助金（≒国庫支出金）の削減、②地方交付税交付金の見直し、そしてこの2つだけでは地方自治体は財政的に窮地に立たされるから③国から地方公共団体への税源移譲（国の税収となるお金を地方の税収とする）という3つを同時に行う改革だよ。

地方分権　戦後長い間、国と地方公共団体にはある種の上下関係が存在していて、地方公共団体は国からさまざまな関与を受けていたんだ。そのため、そのような関係をやめて国と地方公共団体を対等・協力関係に改め、地方分権を進めるべく、**1999年**に**地方分権一括法**が制定された。この法律は、①それまで国から地方公共団体に委託されてきた事務＝**機関委任事務**を**廃止**すると共に、②地方公共団体の事務（仕事）は「**自治事務**」と「**法定受託事務**」にするというものだった。自治事務というのは、地方公共団体が独自に判断・実施できる事務のこと。具体例としては**都市計画**、**小中学校の建設**、**飲食店営業の許可**などだね。都市をどう作っていくかは地方公共団体が独自に判断・実施すべきでしょ？ そして法定受託事務というのは、本来は国が果たすべき事務だけど、国民の利便性などの理由から地方公共団体が代わりに処理する事務のこと。具体例としては**パスポート**（旅券）の交付、**国政選挙**、**戸籍事務**だね。パスポートの交付は県ごとに行ってくれてたほうが便利でしょ？

さまざまな動き　それでは最後に、地方自治に関するいくつかの動きを見ていこうか！
- 住民の苦情などをもとに地方公共団体の行政を調査する**オンブズマン**（行政監察官）制度を設けている地方公共団体もある。ちなみに国の行政に対するオンブズマン制度はないよ。
- 2000年代初頭から、特定の地方公共団体に限定をして規制を緩和する**構造改革特区**が始まり、独自の試みを展開しているところも多い。
- **平成の大合併**と呼ばれる市町村合併が各地で進み、市町村の数は1999年には3,000を超えていたのが2010年には**1,700を超えるくらい**となった。
- 住宅や商業施設、公共施設などを分散させるのではなく、駅の周辺など都市の中心部に集中させる**コンパクトシティ**を進める地方公共団体も多い。

〈ノート1〉3割自治（4割自治）

全国の地方公共団体の歳入

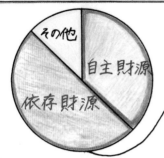

その他
自主財源
依存財源

依存財源の中身
A 地方交付税交付金 → 使い道の指定なし
B 国庫支出金 → 使い道の指定あり
C 地方債 → 借金

〈ノート2〉 三位一体の改革

地方交付税交付金
の見直し

補助金の削減

地方への
税源移譲

〈ノート3〉 地方分権一括法

地方分権一括法（1999年制定）
・旧来の機関委任事務（国から委託される事務）の廃止
・地方公共団体の事務は① 自治事務 と② 法定受託事務 とする

自治事務
→ 地方公共団体が独自に判断・
実施できる事務
例：都市計画・飲食店営業の許可 など

法定受託事務
→ 本来は国が果たすべき事務だが
地方公共団体が処理する事務
例：パスポートの交付、国政選挙 など

〈ノート4〉市町村合併、賛成？反対？

合併賛成派の主張
○ 財政規模の拡大により、これまで
よりさまざまな 行政サービス の
提供が期待できる
○ 行財政の効率化 により公務員
の人件費削減 などが期待できる

合併反対派の主張
× 中心部と周辺部の格差が拡大
し、周辺部の 行政サービスが低下す
る恐れがある
× 親しみのある都市名をはじめ、各
地域の文化・伝統が失われる

テーマ 34　政党政治

政党とは　みんなは今ある**政党**をいくつくらい言えるかな？　政党とは政権獲得を目指して政治活動を行う団体であり、選挙の時にはさまざまな政党が**政権公約（マニフェスト）**を掲げて競い合っているよね。そして選挙の結果多数の議席を獲得した政党が**与党**となって政権を担当し、政権に加わらない政党である**野党**は、与党の政策を検討・批判することで政権を監視するんだ。このように、政党を中心に政治が運営されていくのが**政党政治**だよ。政党政治には国によっていくつかのタイプがあるから、ノート1でそれぞれの特徴をおさえてね！

55年体制　日本の政党政治を語る上で、**55年体制**は欠かすことができない。55年体制とは、**1955年**に「**自由民主党vs日本社会党**」という対立の図式ができ上がり、その後**1993年**まで自由民主党の一党優位体制が続いた状態だ。

1955年、それまで分裂していた日本社会党が統一したのに続いて、自由党と日本民主党が合体（**保守合同**）して自由民主党が誕生し、「自由民主党vs日本社会党」という対立の図式ができ上がる（ノート2）。でも実は、**1993年**の55年体制崩壊まで自由民主党は一度も日本社会党に政権を譲らず、選挙のたびに自由民主党の獲得議席を1とすると日本社会党の獲得議席は2分の1くらいしかなかったんだよね。だから、55年体制は二大政党制というよりも**1と2分の1政党制**と呼ばれたりするんだ。

1955年以降、自由民主党による長期政権が40年近く続いたんだけど、その間に政界（政治家）・官界（官僚）・財界（大企業）の癒 着 構造である**鉄の三角形**（アイアン・トライアングル）が形成されたり、総理経験者の**田中角栄**が逮捕された**ロッキード事件（1976年）**や、**リクルート事件**（80年代末発覚）など、汚職事件が多数発生したんだ。そして金権政治や政治腐敗に対する国民の批判が高まっていき、**1993年**の総選挙でついに自由民主党の議席が過半数を割り、日本新党の**細川護熙**を首相とする非自民の連立政権が誕生して55年体制が崩壊したんだ。ちなみに、翌**1994年**に自由民主党は55年体制下でライバルだった日本社会党（と新党さきがけ）と連立をしてすぐに政権に復帰するけどね。

政党とお金　政治家による汚職や違法な資金集めなどの問題に対応するための法律として、**政治資金規正法**と**政党助成法**というとても大切な法律があるから説明するね。

●**政治資金規正法**：現在、この法律により政治家個人が企業や団体から献金を受け取ることは一切禁止だよ。注意してもらいたいのが、政党が企業や団体から献金を受け取るのは一定額までOKだし、私たち個人が政治家個人や政党に献金するのも一定額までOKなんだ。ノート3を確認してね。

●**政党助成法**：国会議員が5人以上いる、もしくは直近の選挙で一定以上の得票率があった政党は、国から政党活動の助成として**政党交付金**が交付されているよ。

圧力団体　**圧力団体**（**利益集団**とも呼ぶ）というのは、ある特定の利益（**特殊利益**）を実現するために、自ら政権獲得を目指すのではなく政府や議会に働きかけを行い政策決定に影響を与える団体のこと。選挙協力や政治献金の可否などを通して政府や議会に圧力をかけるんだ。

〈ノート1〉政党政治のタイプ

名前	特徴
一党制	・強力な指導が可能 ・政権交代がないため独裁となりやすい ・政策が固定化する傾向がある。
二大政党制 ※アメリカ・イギリスなど	・政局が安定しやすい ・少数意見が反映されにくい ・単独政権になりやすい
多党制 ※ドイツ・フランスなど	・政局が不安定になりやすい ・多様な意見を反映させやすい ・連立政権になりやすい

〈ノート2〉55年体制の成立

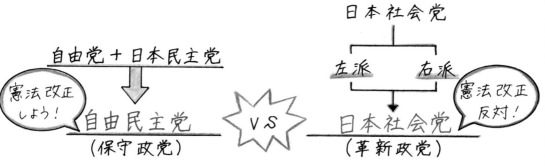

自由党＋日本民主党

憲法改正しよう！

自由民主党
（保守政党）

VS

日本社会党

左派　右派

憲法改正反対！

日本社会党
（革新政党）

〈ノート3〉政治資金規正法

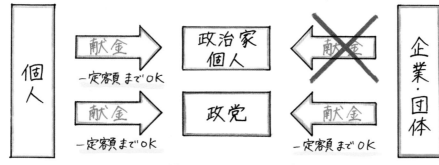

個人

献金 → 政治家個人 ← 献金 ✕
ー定額までOK

献金 → 政党 ← 献金
ー定額までOK　　ー定額までOK

企業・団体

〈ノート4〉政党と圧力団体

日本経団連、連合など

政党	圧力団体
・政権獲得を目指す ・（一般に）国民全体の利益を目指す	・政権獲得を目指さない ・特殊利益の実現を目指す

テーマ 35

選挙制度

選挙とは　テーマ15でも学んだように、国民全員が集まってみんなで議論する直接民主制は現実的に不可能だから、代表者を選んで私たちの代わりに議論や決定を行ってもらう間接民主制を日本は基本としている（議会制民主主義）。この代表者を選ぶ行為が**選挙**だね。そんな選挙が民主的に行われるための重要な原則があるから、以下の4つを確認してね。

①**普通選挙**：財産や納税額に関わらず一定年齢に達した人が選挙権を持つ。（⇔制限選挙）
②**平等選挙**：投票に差をつけない（一人一票、一票の価値に差をつけない）。（⇔不平等選挙）
③**直接選挙**：有権者が直接投票を行う。（⇔間接選挙）
④**秘密選挙**：誰に投票したかわからないようにする。（⇔公開選挙）

選挙制度　選挙のやり方は大きくは**小選挙区制・大選挙区制・比例代表制**の3つに分けられる。小選挙区制は1つの選挙区から一人を選ぶ（1位だけ当選する）選挙で、大選挙区制は1つの選挙区から複数人（2人以上）を選ぶ選挙。比例代表制は各政党が得票数に応じた議席数を獲得する選挙だよ。それぞれの特徴を ノート1 で確認してね！

衆・参の選挙制度　次に衆議院と参議院がどんな選挙制度を採用しているか見ていくよ！

●**衆議院**：衆議院は、1度の選挙で全員を改選する**総選挙**だ（再当選する人ももちろんいるよ）。選挙のやり方は、小選挙区と比例代表を組み合わせた**小選挙区比例代表並立制**を採用している。ちなみに候補者は小選挙区と比例代表の両方に立候補**できる**重複立候補制だから、小選挙区で落選した候補者も比例代表で復活当選することがあるんだ。

　投票所に行くと有権者は、まず小選挙区に立候補している候補者の中から支持する人の名前を記入して投票（一枚目）して、次に比例代表は支持する政党の名前を記入して投票（二枚目）する。比例代表では各政党が得票数に応じた議席数を獲得し、政党内での当選者は選挙前に各政党が提出していた当選させたい人の優先順位をつけた候補者名簿の順位に従って当選者が決まる**拘束名簿式**が採用されているよ。文字だけだと難しいから、 ノート2 でイメージをつかんでね！

●**参議院**：参議院は、3年ごとに半数を改選する**通常選挙**だ（再当選する人ももちろんいる）。選挙のやり方は、原則として都道府県単位の選挙区と、比例代表制を組み合わせた方法を採用している。なお候補者は選挙区と比例代表の両方には立候補**できない**よ。

　投票所に行くと有権者は、まず選挙区に立候補している候補者の中から支持する人の名前を記入して投票（一枚目）して、次に比例代表は支持する政党の名前**もしくは**比例代表に立候補している候補者の名前の**どちらか**を記入して投票する（二枚目）。比例代表なのに候補者の名前を書いてもOKなのがややこしいけど、候補者の名前を書いた場合は、その候補者が所属する政党への投票としてもカウントされるんだ。比例代表では各政党が得票数に応じた議席数を獲得し、政党内での当選者はより多く名前を書いてもらった候補者から順番に当選する（政党が当選させたい人の優先順位をつけない）**非拘束名簿式**が採用されているよ（ただし近年の法改正で、参議院でも優先順位をつけたい政党は順位をつけられる**特定枠**が導入されたけどね）。こちらも ノート3 でイメージをつかんでね！

〈ノート1〉小選挙区制・大選挙区制・比例代表制

	小選挙区制	大選挙区制	比例代表制
仕組み	ひとつの選挙区で一人が当選	ひとつの選挙区で複数人が当選	各政党に得票数に比例して議席を配分
特徴	・大政党に有利 ・二大政党制となりやすい ・政局が<u>安定</u>しやすい ・少数意見を<u>反映し</u>にくい ・死票(落選者に投じられた票)が<u>多い</u>	・小政党も議席獲得しやすい ・<u>多党制</u>になりやすい ・政局が<u>不安定</u>になりやすい ・少数意見を<u>反映し</u>やすい ・死票が<u>少ない</u>	・各政党の議席数が得票数にほぼ比例するため、<u>多様な民意</u>を反映させやすい ・小政党が乱立しやすい ・死票が少ない

〈ノート2〉衆議院の選挙制度

有権者

候補者名 → 小選挙区 ← ひとつの選挙区から一人当選

重複立候補○

政党名 → 比例代表（全国11ブロック） ← 各政党は得票数に応じた議席数獲得
↓
拘束名簿式
（政党が事前に決めていた順位で政党内の当選者決定）

〈ノート3〉参議院の選挙制度

有権者

候補者名 → 選挙区 ← ひとつの選挙区から一人or複数人当選

重複立候補×

政党名or候補者名 → 比例代表（全国1ブロック） ← 各政党は得票数に応じた議席数獲得
↓
非拘束名簿式
（より多く名前を書いてもらった候補者から政党内の当選者決定）

〈ノート4〉選挙の代表的ルール

● 選挙運動期間前の事前運動の禁止
● 候補者が各家をまわる戸別訪問の禁止

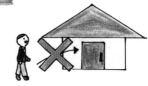

テーマ 36 行政改革／世論とマスメディア

行政国家化現象 20世紀になり、貧困などさまざまな社会問題が顕在化していく中で、国家の役割が**夜警国家（小さな政府）**から**福祉国家（大きな政府）**へと移行していった。その過程で、行政の役割や権限がどんどん拡大していき、そのように行政が肥大化した国家は**行政国家**と呼ばれるようになったんだ。日本では、行政国家化が進む中で国民が選挙で選んでいない**官僚**（ざっくり言うと各省庁で働く国家公務員）が政策の決定や実施に大きな影響を与えるようになり、**鉄の三角形**（テーマ34の復習）や官僚による**天下り**も問題視されるようなった。

また、日本の行政国家化の例としては、法律に関して内閣が提出する法律案（**内閣提出法案**）のほうが国会議員が提出する法案（**議員提出法案**）よりも多い傾向があり、加えて、内閣提出法案のほうが国会で成立する率が**高い**（テーマ27の復習）。さらに！ 国会で成立した法律も、細かい内容をあえて定めておらず細部を内閣の政令などで決めることができる**委任立法**も多いんだ。他にも、許可や認可をする権限である**許認可権**を行政機関が多く握っているし、行政機関は**行政指導**という形で各業界にさまざまな指導を行うんだ。

行政の民主化に向けて このような状況に対して、行政の改革が叫ばれるようになり、いくつかの改革が行われたんだ。例えば、1999年に**国家公務員倫理法**が制定されて公務員の接待や贈与は制限されるようになったし、1999年には**情報公開法**が制定されて中央省庁の持っている情報に対する開示請求を認める情報公開制度が導入された（テーマ25の復習）。他にも、1993年に許認可権や行政指導の透明性を確保するために**行政手続法**が制定されたんだけど、2005年にこの法律が改正されたことで、行政機関が規則を制定・改廃する際に原案を国民に公表して事前に意見を求める**パブリックコメント（意見公募手続）**が新たに導入されたりもしたよ。

世論とマスメディア 公的な問題について人々が抱く意見を**世論**と呼ぶ。政治家や政党は世論調査の結果に敏感で、私たちの世論は政治を動かす大きな力があるんだ。そんな世論の形成にはテレビや新聞などの**マスメディア**が大きく影響していて、マスメディアはその影響力の強さから立法・行政・司法に次ぐ**第四の権力**と呼ばれる場合があるよ。

でも、マスメディアの影響によって世論が左右されるということは、マスメディアが特定の世論の形成を誘導する**世論操作**を行う危険性と隣り合わせだということも意味するよね。だから私たちは、マスメディアの報道を主体的に読み取り活用する能力である**メディア・リテラシー**を育むことが重要なんだ。

そうそう、近年の**SNS（ソーシャル・ネットワーキング・サービス）**の広がりは、以前は情報の受け手だった私たちが自ら情報や主張を発信できる機会を増やし、世論の形成に大きな影響を与えているとされる。でも一方で、**フェイクニュース（虚偽情報）**が事実としてまかり通ってしまうなど、SNSを通した情報は正確さや公平さが担保されない場合も多い。**情報の発信源を確認したり、複数の情報にあたったり、対立する意見を確認したりして**、特定の情報に踊らされないように注意することが重要だね。

〈ノート1〉アナウンスメント効果

マスメディアが行う選挙予測報道や世論調査が有権者の投票に影響を与えることがあり、そのような効果をアナウンスメント効果と呼ぶ。具体例としては…
・「優勢です!」と報道された候補者に有権者が投票する→バンドワゴン効果
・「劣勢です!」と報道された候補者に有権者が投票する→アンダードッグ効果

〈ノート2〉SNSなどを使った選挙活動

公職選挙法が改正され、SNSなどインターネットを使った選挙運動が解禁された。これにより…

	候補者や政党	有権者
SNSや動画共有サイト、ホームページなど、ネット上で選挙運動をすることは…	○	○
電子メールを使っての選挙運動(特定の候補者への投票を依頼する電子メールを送信すること)は…	○	×
※選挙権を持たない年齢の者がネット上で選挙運動を行うことは禁止		

Eureka!

今回は、政治分野や経済分野に関わる問いだよ。今回も簡単には答えが出せないような問いばかりだけど、とことん考えてみてね！

⑬「日本国憲法の改正、賛成？ 反対？」

関連テーマ：政治分野・テーマ19〜26　→48〜62ページ

賛否が分かれる問いだ。この問いは16ページのルールに則り、改正するメリット・デメリットをそれぞれ考えた上であなたの主張を展開してね。そうそう、賛成派ならば「ここをこう改正すべき！」「こんな内容を新たに記載すべき！」まで踏み込めたらよりGOODだ！

⑭「あなたが住んでいる市区町村が近隣の市区町村と合併することになったら、賛成？ 反対？」

関連テーマ：政治分野・テーマ33　→76ページ

テーマ33に市町村合併の賛成意見と反対意見のいくつかが展開されているから、それらを参考にしながら16ページのルールに則り、「あなたが住んでいる市区町村」の場合を想定して主張を展開してね。

⑮「あなただったら、どの分野の政策を重視する（もしくはどんな政策を提案する）政党に投票をしたい？」

関連テーマ：政治分野・テーマ34・35　→78・80ページ

福祉政策、安全保障、不況対策……などなど、政党はさまざまな分野の政策を提案するけど、あなただったらどの分野の政策に力を入れている政党に投票したい？

⑯「累進課税を今より強化して所得再分配を強めるべき？ 緩やかにして所得再分配を弱めるべき？」

関連テーマ：経済分野・テーマ41・42　→94・96ページ

意見が分かれる問いだ。この問いは16ページのルールに則り、強化した場合（お金持ちから今より税金を取って貧しい人への再分配を強める場合）と緩やかにした場合（お金持ちから今より税金を取らず貧しい人への再分配を弱める場合）のメリット・デメリットをそれぞれ考えた上であなたの主張を展開してね。

⑰「消費税は増税すべき？ 減税すべき？」

関連テーマ：経済分野・テーマ41・42　→94・96ページ

意見が分かれる問いだ。この問いは16ページのルールに則り、増税した場合と減税した場合のメリット・デメリットをそれぞれ考えた上であなたの主張を展開してね。

⑱「インフレが進んで国民の生活が苦しくなってしまった時、政府はどんな政策を優先的に行うべき？」

関連テーマ：経済分野・テーマ46　→104ページ

物価の変化は私たちの生活に大きな影響を及ぼすけど、例えばインフレが極端に進んで国民の生活が苦しくなった時、政府はどのような政策を行うべきだろう？

⑲「将来、AIの発達によって【なくなる職業】と【残る職業】はどのようなものがある？ また、【新たに生まれる職業】や【新たに求められる能力】はあるかな？」

関連テーマ：経済分野・テーマ50　→112ページ

AIの発達は著しくて、現在ある職業の多くが将来AIに取って代わられると言われている。では、将来どんな職業がなくなりどんな職業が残るのだろうか。また、AIの発達に伴って新たに生まれる職業や、新たに私たちに求められるようになる能力はあるだろうか。

第**4**章 経済分野

テーマ37 資本主義経済と社会主義経済

資本主義経済と社会主義経済　　ではいよいよ経済分野だ！　経済の仕組みは、大きく**資本主義経済**と**社会主義経済**に分けることができる。**ノート1**を見て！　まずはそれぞれの特徴をおさえることから始めよう。そうしたら次は資本主義経済の歴史を確認していくよ！

資本主義経済の歴史　　18世紀後半に**イギリス**で**産業革命**が起こり、工業化が進展することで資本主義経済が大きく発展したんだ。この時代**アダム・スミス**(主著『**国富論**』)は、人々が利己心に基づいて自由に経済活動を行えば「**見えざる手**」に導かれて社会全体の利益が増幅するとして、国家による経済への介入を否定し**自由放任主義**(レッセ・フェール)を唱えたよ。

でも、時代が進むにつれて資本主義の問題点がどんどん露わになっていく。貧富の差の拡大や資本の集積・集中も進んだし、極めつけは**1929年**に**世界恐慌**が発生して望まずに失業をしてしまう**非自発的失業者**がたくさん生まれてしまったんだ。これらを背景として「市場に経済をまかせているだけではダメだ！」ということになり、政府が不況や失業を解決するために積極的に経済へ介入する必要性が出てきた。政府による経済介入の例としては、アメリカの**ローズベルト**大統領が行った**ニューディール政策**が有名だよ。こうして資本主義経済は、市場経済に重きを置きながらも政府による経済介入を肯定する**修正資本主義**に移行していくんだ。

そんな修正資本主義を理論的に確立したのが**ケインズ**(主著『**雇用・利子および貨幣の一般理論**』)という人物だ。彼は、不況時には政府が**有効需要**を作り出すべきだ！　と主張したことで有名なんだけど、有効需要って聞いたことある？　有効需要とは、単なる「ほしい！」ではなく、実際にお金の支出を伴う需要のこと。ざっくり言うと「ほしい！」だけでなく「買える！」ような需要だね。不況時に人々は「ほしい！」はあってもお金がないから買えないでしょ？　だから政府が支出を行うことで世の中にお金を流して人々が実際に買える状態にしてあげる＝有効需要を作り出すべきだ！　ということなんだ。ちなみに積極的に経済活動に介入する政府のことを**大きな政府**と呼ぶから一緒に覚えちゃおう！

政府がたくさん支出を行う政策ってなんだかよさそうでしょ？　でも、実は大きな問題点もあるんだ。それは、政府が赤字になったり(財政赤字)、行政機構が肥大化してしまう点だ！　これらの問題点を背景として、政府による積極的な経済介入を批判し市場原理を重視する**小さな政府**を主張する人々も現れた。その代表人物が**フリードマン**という人なので、絶対に名前を覚えてね。こうして、1980年代にはアメリカ・イギリス・日本で規制緩和や国営企業の民営化など、市場原理を重視した政策が推し進められていったよ。

社会主義経済の歴史　　社会主義経済を主張した代表的な人物は**マルクス**(主著『**資本論**』)だ。1917年の**ロシア革命**により世界初の社会主義国として**ソ連**(ソビエト社会主義共和国連邦)が誕生したんだけど、社会主義経済は**ノート1**にあるような問題点を抱えていたことから行き詰まり、以前は社会主義経済だった国々も現在ではほとんど資本主義経済に移行してるよ。そうそう、中国に関してだけど、**中国**は改革開放政策により**経済特区**を設定して外国企業の誘致を進めたり、憲法に**社会主義市場経済**と明記したんだ。また、**ベトナム**では**ドイモイ**(刷新)路線が打ち出され、市場経済が導入されるようになったよ。

〈ノート 1〉 資本主義経済 と 社会主義経済

	資本主義経済	社会主義経済
特徴	① 市場経済 → 利潤の追求を目的とした自由競争が認められる。 ② 生産手段の私的所有 → 生産手段(機械や工場など)を持つ資本家と持たない労働者のように分かれる。	① 計画経済 → 国家が何をどれだけ作り、どう分配するか計画するため、貧富の差が小さい。 ② 生産手段の社会的所有 → 生産手段が社会的に所有(みんなで所有)される。
問題点	① 貧富の差の拡大 → 競争の結果、経済的な格差が発生する。 ② 景気変動があるため、不況やそれに伴う失業が発生してしまう。	① 労働意欲や生産効率の低下 → 頑張っても頑張らなくても分配が変わらないため、モチベーションが上がらない。 ② 計画がうまくいかないとモノ不足となってしまう。

＋α： 現在の資本主義経済は、私的経済部門(＝民間)と公的経済部門
(＝政府とか) が並存することから 混合経済 と呼ばれたりもする。

〈ノート 2〉 重要人物の似顔絵

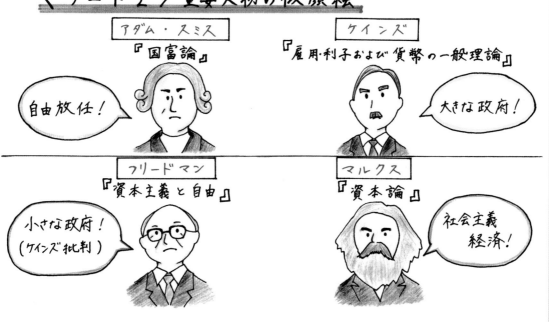

アダム・スミス
『国富論』
自由放任！

ケインズ
『雇用・利子および貨幣の一般理論』
大きな政府！

フリードマン
『資本主義と自由』
小さな政府！
(ケインズ批判)

マルクス
『資本論』
社会主義経済！

テーマ38 3つの経済主体／企業

3つの経済主体　経済活動を行う**経済主体**には、消費を行う**家計**、生産を行う**企業**、そして**政府**の3つがあるんだ。それぞれの経済主体が何を取引しているかが超重要なので、**ノート1**を見ながらそれぞれの取引内容を確認してみよう！　暗記というよりイメージしてみることが大事だよ。

企業の種類　では、3つの経済主体の1つである企業について詳しく見ていくよ。まず、企業は国や地方公共団体が出資する**公企業**、民間が出資する**私企業**、国や地方公共団体と民間が共同出資する**公私合同企業**に大きく分類することができる。そして2つめの**私企業**にはいくつか種類があって、その代表例が**会社企業**だ。みんなが知っている企業の多くはこの会社企業に分類されるよ。そんな会社企業には現在4つの形態があるんだけど、**ノート2**を見て！　出資者の構成や＋αの情報からそれぞれの違いをおさえてね！

★会社企業に関する重要用語
無限責任：会社が倒産した時、出資額の範囲を超えてでも会社の負債(借金)に責任を負う。
有限責任：会社が倒産した時、出資したお金は返ってこないが会社の負債に責任を負わない。

株式会社　会社企業の1つ**株式会社**は、**株式**を発行して多数の出資者からお金を集めることができるのが特徴だ。株式会社の**株主**(株式保有者)は、会社の最高意思決定機関である**株主総会**で**一株一票**で議決権を行使できるんだけど、具体的には、会社の経営を行う**取締役**や会社の不正を監視する**監査役**を、株主が一株一票で選出するんだ。つまり、株式会社の決定権を持つ会社の所有者は株主ということになるね。また、株主は会社の経営状況によって**配当**を受け取れる(内容はさまざまで、配当がない場合もある)。そうそう、株主は**有限責任**だから、会社が倒産したら出資金は失うけどそれ以上財産は失わないからね。最後に、株式会社は株主(会社の所有者)と経営者が別の場合も多く、株主は株価の値上がりによる利益(**キャピタルゲイン**)や配当ばかりに注目して、経営を専門的な経営者にまかせることがほとんどだ。これを**所有と経営の分離**と呼ぶよ。

現代の企業の特徴　では、現代の企業に関係する用語をいくつか見ていくよ！
●海外に子会社を設立して世界的に展開していく企業を**多国籍企業**と呼ぶ。多国籍企業の中には、税率が著しく低い**タックス・ヘイブン**(租税回避地)に子会社を設立する企業もある。●企業情報を開示することを**ディスクロージャー**と呼ぶ。●法令違反により企業の信頼が落ちるような事件も多く、**コンプライアンス**(法令遵守)が重視される。●近年、企業は株主(**ストックホルダー**)の利益のみを考えるのではなく、従業員や取引先を含めた利害関係者(**ステークホルダー**)の利益も重視すべきという考えが強まっている。●株主などが企業の経営を監視していく**コーポレート・ガバナンス**(企業統治)が重視される。●企業はただ利潤追求をするだけでなく、**CSR**(企業の社会的責任)を達成するために、ボランティアなどの慈善活動である**フィランソロピー**や、芸術・文化への支援である**メセナ**を行うことが求められる。●生産過程で廃棄物を一切出さない**ゼロエミッション**を目指す企業も増えている。
●**持続可能な社会**の実現のために、企業が環境(Environment)・社会(Social)・ガバナンス(Governance)に配慮しているかを判断材料として投資家が投資を行う**ESG投資**に注目が集まる。

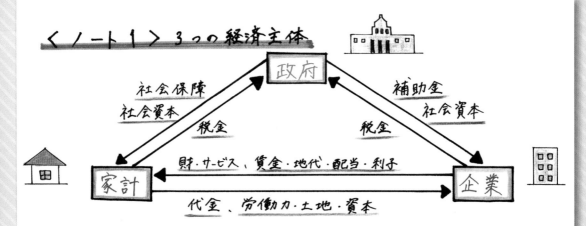

〈ノート1〉 3つの経済主体

家計と**政府**
- 家計は政府に対して税金(所得税など)を納め、代わりに政府は家計に対して社会保障を提供したり、公共事業を通して社会資本(道路・港湾など)を提供する。

企業と**政府**
- 企業は政府に対して税金(法人税など)を納め、代わりに政府は企業に対して補助金や公共事業を通して社会資本(道路・港湾など)を提供する。

家計と**企業**
- 家計は企業に対して代金を払い、代わりに企業は家計に財やサービスを提供する。
- 家計は企業に対して労働力・土地・資本を提供し、代わりに企業は家計に賃金・地代・配当や利子を提供する。

〈ノート2〉 会社企業の4形態

名称	出資者	+αの情報
合名会社	全員無限責任社員	家族や親せきなど少人数で経営する企業に多い。
合資会社	有限責任社員と無限責任社員	少人数で経営する企業に多い。
株式会社	有限責任の株主	株式を発行できる。2006年施行の会社法により最低資本金制度が廃止され1円でも設立できるようになる。
合同会社	全員有限責任社員	2006年施行の会社法により新たに設立が可能となる。

※ 2006年施行の会社法により、有限会社という形態は新設ができなくなった。

〈ノート3〉 経済活動に関する+αの知識

　私たちの経済的な欲求は無限と言ってもいいが、生産に必要となる資源や労働力、生産された財やサービスなどは有限であり希少性がある。そのため、何かを得るためには何かを犠牲にしなければならず(これをトレードオフと呼ぶ)、犠牲になったもの(選択されなかったもの)から得られたであろう便益(のうち最大のもの)は機会費用と呼ばれる。

テーマ39 市場メカニズム（市場機構）

needs 需要と供給 さまざまな財やサービスが取引される場が市場であり、市場では需要（ほしい！）と供給（売りたい！）の関係によって価格が決定する。まずは需要だけど、例えばあるシャーペンの価格が高い時には「いらない」し、安ければ「ほしい」よね？　　ノート1 を見て！　その関係は**右下がりの需要曲線**で表されているのがわかる？　一般的に財の**価格が上昇**すると需要の量は**減少**し、財の**価格が下落**すると需要の量は**増加**するんだ。供給は逆に、そのシャーペン会社の社長だったら価格が高いならたくさん作るし安いならあまり作らないよね。その関係は**右上がりの供給曲線**で表されていて、財の**価格が上昇**すると供給の量は**増加**し、**価格が下落**すると供給の量は**減少**するよ。

価格の自動調節機能 そんな需要者と供給者が市場で出会い価格や取引量が決定するんだけど、　　ノート2 を見て！　例えば、あるシャーペンの価格がP_3だとする（高い！）。この価格（P_3）の時の需要曲線と供給曲線に注目すると、需要の量はQ_1しかないのに供給の量はQ_5もあり、「$Q_5 - Q_1$」の量だけ**モノ余り**（超過供給）が発生しちゃってるんだ！　余ってる状況なら、自然と価格はP_3から**下がる**はずだよね。今度は、このシャーペンの価格がP_1だとする（安い！）。そしたら、この価格（P_1）の時の需要の量はQ_4もあるのに供給の量はQ_2しかなくて、「$Q_4 - Q_2$」の量だけ**モノ不足**（超過需要）が発生しているのがわかるかな？　そんな状況なら、自然と価格はP_1から**上がる**はずだよね。こうして、市場では自動的にモノ余りもモノ不足も発生しない価格（超過供給も超過需要も発生しない価格）、すなわち需要曲線と供給曲線が交差する**均衡価格**（P_2）に落ち着き、モノ余りもモノ不足も発生しない**資源の最適配分**が実現するんだ。ちなみにこのような仕組みは**価格の自動調節機能**と呼ばれるよ。

需給曲線のシフト 需要曲線と供給曲線は、価格や数量以外のさまざまな要因により右や左にシフト（移動）するんだ。ざっくり言うと、**需要が増える**ことが起きれば需要曲線は**右**に、**減る**ことが起きれば**左**にシフトするし、**供給が増える**ことが起きれば供給曲線は**右**に、**減る**ことが起きれば**左**にシフトするよ。例えば、暑くなるとみんなアイスクリームが食べたくなるよね。そうすると、アイスクリームの需要曲線が右にシフトするって感じ。以下の表に代表的な要因をまとめておくよ！

需要曲線が右にシフトする要因	供給曲線が右にシフトする要因
①消費者の所得の増加	①生産コストの下落（技術革新や豊作による原材
②流行（ブーム）の発生（財の人気が上昇）	料価格の下落などで）
③代替材（代わりとなる財）の値上げ　など	②新規参入企業の増加　など
需要曲線が左にシフトする要因	供給曲線が左にシフトする要因
①消費者の所得の減少	①生産コストの上昇（災害発生や不作による原材
②流行（ブーム）の終了（財の人気が下落）	料価格の上昇などで）
③代替材（代わりとなる財）の値下げ　など	②生産者の減少　など

　ポイントはシフト後の均衡価格と量がどう変化するのかだ！　　ノート3 を見て！　例えば、消費者の所得が減少すると需要曲線が左シフトするよね。すると、均衡価格は下落して量も減っているのがわかるかな？　このように、実際にシフト後の均衡価格と量の変化を確認するのが大切だ！

〈ノート1〉 需要曲線と供給曲線

需要

P（価格）　需要曲線（D曲線）

高い
安い

O　少ない　多い　Q（量）

需要曲線は
右下がり！

供給

P（価格）　供給曲線（S曲線）

高い
安い

O　少ない　多い　Q（量）

供給曲線は
右上がり！

〈ノート2〉 価格の自動調節機能

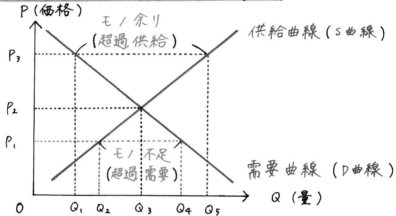

P（価格）

モノ余り
（超過供給）

供給曲線（S曲線）

P_3
P_2
P_1

モノ不足
（超過需要）

需要曲線（D曲線）

O　Q_1　Q_2　Q_3　Q_4　Q_5　Q（量）

〈ノート3〉 需給曲線のシフト

消費者の所得の減少
（需要曲線の左シフト）

生産コストの下落
（供給曲線の右シフト）

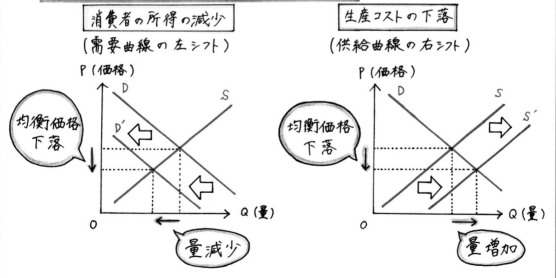

均衡価格
下落

量減少

均衡価格
下落

量増加

テーマ40 市場の失敗

市場の失敗　テーマ39で市場メカニズムを学習したけど、実は市場メカニズムがうまく機能しなくなってしまう場合や、市場メカニズムでは解決されない問題もあったりする。それらは**市場の失敗**と呼ばれるんだけど、じゃあ、どんな時に市場の失敗が発生しちゃうんだろう？

独占／寡占　市場の失敗の1つめが、**独占**や**寡占**の発生だ。**独占**とは1社が1つの市場を支配すること。**寡占**とは少数の会社で1つの市場を支配すること。独占や寡占が発生すると市場メカニズムがうまく機能しなくなっちゃうんだけど、それはなぜか？　答えは簡単。独占・寡占下の市場では競争がうまく起きなくて、独占・寡占を行う企業（たち）が**プライスリーダー**（価格先導者）となり、プライスリーダーが設定した価格に他の企業が追随してしまうことで**管理価格**というものが形成されてしまうんだ。そうすると、商品の価格は、需要が減ってもなかなか下落していかない**価格の下方硬直性**を持つようになる。需要が減ってるのに価格が下がらないなんて、市場メカニズムがうまく機能していないよね。ちなみにそんな時に企業は、価格面での競争じゃなくて品質やデザイン、広告方法などで**商品の差別化**を行う傾向がある。これを**非価格競争**と呼ぶよ。なお、独占・寡占を防ぐための法律として**独占禁止法**が制定されていて、独占・寡占を監視する番人として**公正取引委員会**があるのもあわせておさえておこう！

公共財　道路とかの**公共財**は、みんなが必要としてるけど民間企業は儲からないから供給しないんだ。つまり、市場が成立しないから市場メカニズムも機能しないんだよね。民間企業は誰も公共財を供給しないんだから、代わりに政府が税金などを財源に公共財を供給しているよ。📝ノート2の公共財の2つの特徴は超大切だから、意味をしっかりおさえてね！

外部経済／外部不経済　市場を経由せずに、ある経済主体が別の経済主体に経済的な影響を与えることがある。その時、**プラス**の影響ならば**外部経済**、マイナスの影響ならば**外部不経済**と呼ぶんだ。これらも市場の失敗の例で、まずは**外部経済**から確認していくよ！　📝ノート3を見ながらイメージしてもらいたいんだけど、例えばある経済主体をリンゴ農家、別の経済主体を養蜂場とする。これらは近くにあるだけで、市場を経由しなくても（直接お金のやり取りをしていなくても）お互いにプラスの影響があるのがわかるかな？　リンゴ農家は蜂が受粉をしてくれるからプラスだし、養蜂場も蜂がリンゴ園で蜜を集めてきてくれるからプラスだよね。ポイントは、**外部経済であっても**（**プラスの影響であっても**）市場の失敗の例という点だ！

一方**外部不経済**だけど、これは**公害**が典型だ。こちらも📝ノート3を見ながらイメージしてね。例えばある経済主体を工場、別の経済主体を近隣住民とする。工場が汚染物質を排出して近隣住民に健康被害を与えてしまう場合、市場を経由せずに工場が近隣住民に直接**マイナス**の影響を与えているよね。

情報の非対称性　市場の失敗の最後は、**情報の非対称性**だ。情報の非対称性とは、買い手（消費者など）と売り手（生産者など）が持つ情報に格差がある状態。情報を持たないほうは取引をためらうから、情報の非対称性が極端に進むと誰も取引に参加せず市場が成り立たなくなっちゃうんだ。

〈ノート1〉独占・寡占に関わる用語

カルテル

A社
B ー 協定 ー C
D

トラスト

A社
B 合併 C
D

コンツェルン

A社
B C D

コンツェルン
合法

カルテル：同じ産業の複数の企業が独立性を保ったまま価格や販売の協定を結ぶ。

トラスト：同じ産業の複数の企業が合併して、新たな巨大企業を形成する。

※ 異なる産業の企業間で合併・買収（M&A）などが起こり生まれる、様々な
産業で経済活動を行う企業をコングロマリットと呼ぶ。

コンツェルン：親会社（持ち株会社）が、他企業を株の保有や融資などを通して
子会社として支配する形態。現在合法。

〈ノート2〉公共財の2つの特徴

非排除性 … お金を支払わず使用する人々（フリーライダー）を排除できない。

非競合性 … ある人が公共財を使用しても、それが他の人の使用を阻害
せず、他の人も使用できる。

〈ノート3〉外部経済・外部不経済

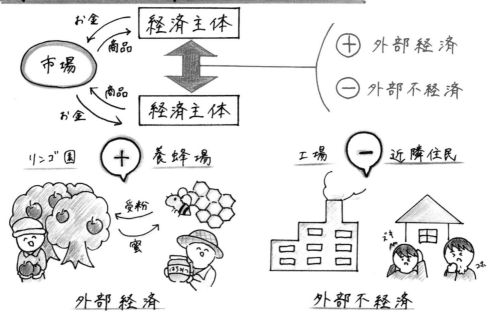

外部経済

外部不経済

財政①（財政の働き・財政政策・予算）

テーマ41

財政とは

財政とは、ざっくり言えば**政府**や地方公共団体が行う経済活動のこと。みんなと同じで政府も経済活動を行っていて、税金などで集めたお金（**歳入**）をもとに色々な事柄に支出（**歳出**）を行っているんだ。政府が行う経済活動の主な役割・機能は以下の3つだ！

①**所得再分配機能**…政府は人々の所得格差を是正するために、高所得者からより多くの税金を集め、それを恵まれない人に給付する。具体的には、所得が多い人ほど高い税率が適用される**累進課税制度**を導入して、高所得者からより多く集めたお金を、生活保護や失業給付などの**社会保障制度**を通して低所得者やハンデを背負った人に移転し、所得格差を是正するんだ。

②**資源配分機能**…政府は民間によっては提供されない**公共財**（道路など）や**公共サービス**（警察・消防など）を、みんなから集めた税金をもとに提供する。これにより、市場にまかせると非効率になる資源配分を補い、適切な資源配分を実現するんだ。

③**経済安定化機能**…政府は景気安定化のために**財政政策**（＝政府による経済政策）を行う。財政政策に関しては**フィスカルポリシー**と**ビルト・イン・スタビライザー**が超重要なので、それらを下で見ていくよ！

フィスカルポリシー

政府は人々の**有効需要**（何それ？って人は**テーマ37**を要復習！）を意図的に増大・減少させることで、不況時には景気を刺激し、過熱時には景気を落ち着かせようとするんだ。これを**フィスカルポリシー**と呼ぶ。具体的には、政府は増税や減税、財政支出の拡大や縮小を通して有効需要を調整するんだけど、例えば、**不況時**に有効需要を**増大**させて景気を**刺激**するために、政府は何をすると思う？　そう！　**減税や財政支出の拡大**をするんだ！　景気が過熱している時はもちろん逆だよ。　**ノート1**をチェックしてメカニズムを理解しよう！

ビルト・イン・スタビライザー

やたらカッコイイ名前だけど、超大事だからしっかりメカニズムを理解してね。実は政府が**累進課税制度**と**社会保障制度**を導入しておけば、それらが自動的に景気を刺激したり落ち着かせたりしてくれるんだ。例えば**不況時**には、人々は所得が減るけど累進課税制度により払う税金が自動的に減るし、さらに、失業者が増えるから政府が払う失業給付などの社会保障関係費は増大して、人々への資金流入が自動的に増えるよね。そう！　これらが自動的に起きることで、結果的に有効需要が**増大**して景気が刺激されるんだ！　景気が**過熱**している時はもちろん逆だよ。このような自動的な作用を**ビルト・イン・スタビライザー**（景気の自動安定化装置）と呼ぶから、こちらも　**ノート2**を確認して理解を深めてね。フィスカルポリシーは意図的な財政政策だったけど、こっちは自動的っていうのがポイントだよ！

予算

予算（国家予算）とは、ある年度の歳入と歳出の計画なんだけど、ざっくり言うと政府が1年間で何にお金を使い、そのお金をどうやって集めるのか？　の計画だよ。そんな予算は**内閣**が作成するんだけど、**国会**が**議決**しなければ（OKを出さなければ）使えないからね（**テーマ28**の復習）。また、作成される予算は大きく3つあり、それらは**一般会計、特別会計、政府関係機関予算**だ。特に一般会計が大切だから、詳しい内容を　**ノート3・4**で必ず整理・確認してね！

〈 ノート 1 〉 フィスカル ポリシー

☆ フィスカルポリシー … 政府は人々の<u>有効需要</u>を意図的に増減させ景気を調整する。

→ <u>不況時</u> … 景気を<u>刺激</u>しなければならない = 有効需要の<u>増大</u>が必要！

→ ☆ 政府は … 「<u>減税</u>」を行う + 公共投資の「<u>増加</u>」など財政支出を「<u>拡大</u>」する。

→ <u>過熱時</u> … 景気を<u>抑制</u>しなければならない = 有効需要の<u>減少</u>が必要！

→ ☆ 政府は … 「<u>増税</u>」を行う + 公共投資の「<u>減少</u>」など財政支出を「<u>縮小</u>」する。

〈 ノート 2 〉 ビルト・イン・スタビライザー

☆ ビルト・イン・スタビライザー（景気の自動安定化装置）

→ 政府が<u>累進課税制度</u>と<u>社会保障制度</u>を導入することで、それらが
<u>自動的</u>に景気の調整を行ってくれる。

不況時	… Ⅰ 人々は所得が「減る」一方、累進課税により払う税金が「減少」する。 Ⅱ 失業者が「増える」ため、政府が支出する社会保障関係費は「増加」する。 Ⅲ 上の Ⅰ・Ⅱ により有効需要は「増大」し景気が刺激される！
過熱時	… α 人々は所得が「増える」一方、累進課税により払う税金が「増加」する。 β 失業者が「減る」ため、政府が支出する社会保障関係費は「減少」する。 γ 上の α・β により有効需要は「減少」し景気が抑制される！

〈 ノート 3 〉 予算の分類

① 一般会計 … 政府の通常の活動による歳入・歳出をまとめた計画。（財政の中心）

② 特別会計 … 政府の特別の活動による歳入・歳出をまとめた計画。

③ 政府関係機関予算 … 政府が出資する政府系金融機関の予算。

+α : これらとは別に、第二の予算と呼ばれる<u>財政投融資</u>というものもある。

〈 ノート 4 〉 一般会計（2022年度・当初予算）

歳入額・歳出額は共に約 107.6 兆円　　　（借金！）

歳入	租税・印紙収入 60.6%	公債金 34.3%	その他

文教及び科学振興

歳出	社会保障 33.7%	国債費 22.6%	地方交付税 14.8%	公共事業 5.6%	5%	防衛 5%	その他

● ポイント

歳入 : 集めたお金の内、約3分の1が借金！

歳出 : お金の使い道は、1位 : 社会保障 ＞ 2位 : 国債費（借金返済分）＞ 3位 : 地方交付税

上記は 2022年度のデータ！年度が変わるとデータも変わるから、
資料集や教科書、財務省 web ページで最新のものをチェックしよう！

財政②（租税・国債）

租税　それでは、政府や地方公共団体の収入となる**租税**（税金）について学習していくよ！　租税といっても所得税・法人税・消費税……っていーっぱい種類があるんだけど、全ての税は**直接税**か**間接税**どちらかに分類することができるんだ。まず直接税だけど、これは**担税者**（実際に税を負担する人）と**納税者**（税を納める人）が**同じ**税で、代表例は**所得税**かな。一方で間接税は、**担税者と納税者が異なる**税で、**消費税**が代表例だ。みんながコンビニなどで支払った（負担した）消費税は、実は後々そのコンビニなどが納税してくれてるんだよ。知ってた？　ちなみに日本の直接税と間接税の比率（**直間比率**）は、戦後のGHQ占領時代になされた**シャウプ勧告**以降直接税中心となっているからね。さらに！　租税は政府の収入となる**国税**と、地方自治体の収入となる**地方税**に分類することもできる！　**ノート1** にここまでのまとめが表になってるから確認してね！

　そうそう、租税は「公平」であることが大切なんだけど、租税に関する公平には**垂直的公平**と**水平的公平**という2つの意味があるんだ。垂直的公平とは、所得が低い人はあまり税を負担せず、高い人は多く負担をするということ。縦の公平さのイメージで、所得税とかの**累進課税**は垂直的公平を実現するね。水平的公平とは、所得が同じ人は租税負担も同じということで、こちらは横の公平さのイメージだね。

消費税　みんなにとって一番身近な税金、**消費税**について見ていこうか。税率が3%（1989年）→5%（1997年）→8%（2014年）→10%（2019年）と変化してきたのはOK？　そんな消費税だけど、所得税よりも景気変動の影響を受けにくくて安定した税収が確保しやすいんだ。でも、金持ちの人も貧乏な人も**全員同じ税率**で課税されるから、消費税は低所得者ほど実質的な負担が重くなるっていう欠点があって、この特徴は**逆進性**と呼ばれるよ。

国債発行のルール　国債とは、政府の借金のこと。当然だけど、国債を発行する際にはルールがある。そのルール①が**建設国債の原則**！　建設国債とは道路などの**公共事業**などの費用をまかなうための国債で、財政法でこれは**発行OK**となっている。一方で建設国債**以外**の国債、例えば政府が「税収が足りない……」って時に発行する**赤字国債**（**特例国債**）は、本来は**発行NG**。でも、実は……政府は税収が足りないから、特例法を制定して本来NGな赤字国債を近年毎年発行しているんだ！　これが借金の中心で、政府の歳入に占める国債の割合（**国債依存度**）は、近年なんと30%を超えちゃってるんだよね。

　次に、ルール②が**市中消化の原則**。これは政府が新規に国債を発行した時に、その国債を日本銀行が直接引き受けちゃダメ！　まずは市中（個人や市中銀行）が購入しなさい！　ということ。

　そうそう、国債を発行することの問題点を **ノート2** にまとめたから、必ず確認してね！

プライマリーバランス（基礎的財政収支）　プライマリーバランスとは、財政の健全さをみる指標で、「歳入から公債金収入を除いた額」－「歳出から国債費を除いた額」で表される。ざっくり言うと「政府の収入全体から借金での収入を除いた額」－「政府の支出全体から借金返済分を除いた額」だね。言葉だけだとイメージしにくいと思うから、 **ノート3** を確認してみてね！

〈 ノート 1 〉 租税の分類

		直接税 （担税者 = 納税者）	間接税 （担税者 ≠ 納税者）
	国税	所得税・法人税 相続税 など	消費税・酒税・たばこ税 など
	地方税	住民税・固定資産税 自動車税 など	地方消費税・入湯税 など

〈 ノート 2 〉 国債発行の代表的な問題点

① 財政の硬直化 … 国債を発行して大きな借金を抱えてしまうと、政府は借金返済にお金を使わなければいけなくなり、結果的に財政の自由度が失われてしまう。

② 将来世代への負担 … 将来世代に返済の負担を負わせるため、世代間で不公平となる。

〈 ノート 3 〉 プライマリーバランス（基礎的財政収支）

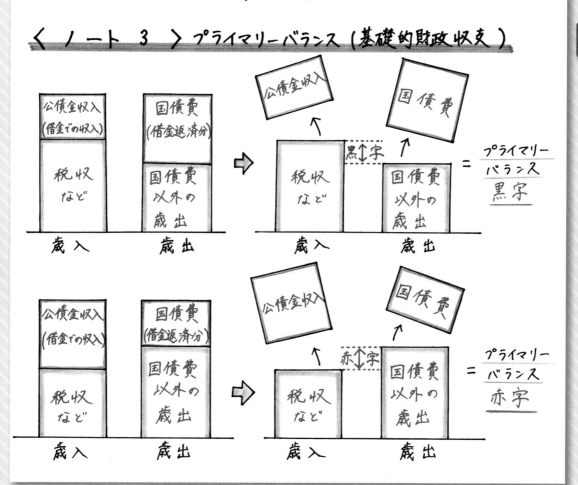

97

テーマ43 金融①（通貨・金融の仕組みと働き）

通貨　みんなが毎日使っている**通貨**(貨幣)には大きく4つの機能があるから、まずは ノート1 でそれらの機能を確認してね！　そして通貨って聞くと、**日本銀行**が発行する**日本銀行券**(1万円札など)や**政府**が発行する**硬貨**(100円玉など)といった**現金通貨**をイメージすると思うけど、みんなが**市中銀行**(=日銀以外の銀行)に預けている**預金通貨**も通貨の一種ということを知っておいてほしいんだ。そうそう、政府や金融機関を除いた個人や企業などが保有する通貨量の合計を**マネーストック**と呼ぶから名前だけでもおさえてね。

通貨制度　昔は、流通する通貨の量がその国の保有する金の量に拘束される**金本位制**という制度が各国で採られていて、各国の中央銀行は好き勝手に通貨を発行することはできなかったんだ。ちなみにその時の通貨は**兌換紙幣**と呼ばれるよ。でも現在は、各国は流通する通貨の量をコントロールできる**管理通貨制度**となっている。2つの制度には一長一短があるから、 ノート2 でそれぞれをおさえてね。

金融とは　世の中では、お金に余裕がある人から不足する人にお金が融通される(貸し借りなどがされる)ことがある。これを**金融**と呼び、お金に余裕がある資金供給者と不足する資金需要者が出会う場所が**金融市場**だ。

では金融(お金の融通)はどのように行われるのかというと、大きくは**直接金融**と**間接金融**に分けることができる。例えば、企業が「お金が足りない！」っていう時に**株式**や**社債**を発行して家計から直接お金を融通してもらうのは直接金融だ。一方で、企業が市中銀行などの金融機関からお金を借り入れるのは間接金融だ。 ノート3 を見て！　間接金融は金融機関を通して間接的に家計から融通してもらっているのがわかるかな？　なお、融通してもらったお金のうち、返さなくてもよいお金を**自己資本**(例:株式発行して得たお金)、返さなければならないお金を**他人資本**(例:金融機関から借りたお金)と呼ぶよ。

市中銀行の三大業務　次に、金融の担い手である**市中銀行**の業務を見てみよう！

①**預金業務**…家計や企業から通貨を**預かる**業務。
②**貸出業務**…家計や企業に通貨を**貸し出す**業務。
③**為替業務**…送金や振り込みなどの**決済**をする業務。

注意してほしいのは、上記は「日本銀行」ではなくてみんなが町で目にする「市中銀行」の三大業務である点だ。日銀の業務は次の**テーマ44**でやるからね。

信用創造　市中銀行は、みんなからお金を預けてもらったら一定の割合(**預金準備率**〔=**支払準備率**〕)を日銀に預けて、残りを企業などに貸し出すんだ(**貸出業務**)。ここで面白いのが、貸し出されたお金が別の市中銀行に預けられると世の中にある預金通貨の量が増えるんだよ！　 ノート4 を見て！　預金通貨の量が増えてるでしょ？　これを**信用創造**と呼ぶ。しかも、**最初の預金額**と**預金準備率**(支払準備率)がわかれば、信用創造される額(新たに作り出される預金通貨の額の合計)が計算できるんだ！　 ノート4 の式もあわせておさえてね。

〈ノート1〉通貨の機能

① 価値尺度…商品やサービスの価値を価格という単位で表す機能。
② 価値貯蔵手段…通貨という形で富を蓄え、持ち運びできるようにする機能。
③ 交換手段…商品やサービスの交換を仲立ちする機能。
④ 支払手段…借金の返済やクレジットカード利用への支払いをはじめとして、債務を決済する機能。

〈ノート2〉金本位制・管理通貨制度

	金本位制	管理通貨制度
特徴	発行できる通貨の量が、国や中央銀行が保有する金(GOLD)の量に拘束される。	発行できる通貨の量が、国や中央銀行が保有する金(GOLD)の量に拘束されない。
長所	通貨の価値が安定している。	通貨発行量を柔軟に調整できるため、景気対策がしやすい。
短所	通貨発行量を柔軟に調整できず、景気対策がしにくい。	通貨が大量に発行されると物価上昇(インフレーション)が発生する危険性がある。

〈ノート3〉直接金融・間接金融

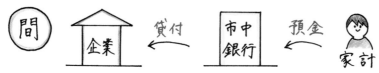

〈ノート4〉信用創造

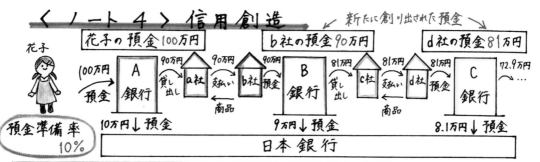

預金準備率 10%

信用創造額の計算式

信用創造額 ＝ 最初の預金額 ÷ 預金準備率 － 最初の預金額

上の例だと、最初の預金が100万円、預金準備率が10%なので、信用創造額は…
100万円 ÷ 0.1 － 100万円 ＝ 900万円 となる。(※預金準備率10%は0.1に)

テーマ44 金融②（日本銀行・金融政策・金融環境の変化）

日本銀行 日本の中央銀行、**日本銀行**（以下「日銀」）の三大業務はこれだ！ 聞いたことある？

①**発券銀行**…日本銀行券（紙幣）を発行できる唯一の存在。
②**政府の銀行**…政府が集めた税金を国庫金として管理する。
③**銀行の銀行**…市中銀行を相手に、預金の預け入れや貸し出しを行う。

そんな日銀は、景気や物価の安定を目指して**金融政策**を行うんだ。**テーマ41**で学んだ「財政政策」は政府による景気調整政策だけど、「金融政策」は日銀が行う政策だから注意してね！

金融政策 日銀はこれまで、**公開市場操作、預金準備率操作、公定歩合操作**の3つを伝統的な金融政策として行ってきたよ。メカニズムの理解が大切なところだ！

●**公開市場操作**：日銀の公開市場操作をきちんと理解するには、まずは「金利」って言葉や「**無担保コール翌日物金利**（通称：**コールレート**）」を理解する必要がある。ということで、まずは **ノート1** を必ず見て！ どう？ 難しいけど大事なところだからゆっくり理解してね。

それでは改めて公開市場操作だけど、景気が**不況時**に日銀は市中銀行が持ってる国債などを買い取ってあげることでお金を渡す（お金を供給する）**買いオペレーション**（**資金供給オペレーション**）を行う。すると、市中銀行は手持ちのお金が増えてコール市場での資金供給量も増えるから、**コールレートが下がる**んだ。そして、その影響を受けて市中銀行が企業にお金を貸す時の**貸し出し金利**も**下がり**、企業は市中銀行からお金を借りやすくなるから世の中でお金が回り景気が回復していくんだ！ 景気が**過熱時**には逆に、日銀は市中銀行に国債などを売りつけてお金を吸収する**売りオペレーション**（**資金吸収オペレーション**）を行うよ。**ノート2** で流れをつかんでね！

●**預金準備率操作**：直前の**テーマ43**で学んだけど、預金準備率とは市中銀行がみんなから預かったお金のうち、日銀に預けなければならない（残しておかなければならない）割合のこと。例えば君が10万円を市中銀行に預けて預金準備率が10％だったら、市中銀行は1万円を日銀に預けて9万円を貸し出しに回すイメージ。日銀は**不況時**には預金準備率を**下げて**市中銀行がたくさん貸し出しできるようにするし、**過熱時**には**上げて**貸し出しにくくするよ。

●**公定歩合操作**：公定歩合（現在の名称：**基準割引率及び基準貸付利率**）とは、市中銀行が日銀からお金を借りる時の金利のこと。コールレートとは違うからね！ 日銀は**不況時**には公定歩合を**下げて**市中銀行が日銀からお金を借りやすくするし、**過熱時**には公定歩合を**上げて**借りにくくするよ。ただ、実は公定歩合操作は現在行われていないんだけどね。

金融環境の変化 昔の日本では、金融機関の保護を目的に強い規制が行われていた（**護送船団方式**）。でも、1980年代になると金融の自由化・国際化が進み、1990年後半には**フリー・フェア・グローバル**をスローガンに**日本版ビッグバン**と呼ばれる金融制度改革（**金融規制緩和**）が行われたんだ。加えて、**2000年代**には**ペイオフ**も解禁されたんだけど、**ペイオフ**とは金融機関が破綻（はたん）した時に**1,000万円**とその利子までしか預けたお金が返ってこない（保護されない）制度のこと！ 将来お金持ちになったら気をつけてね。

〈 ノート１ 〉金利重要事項

① 「金利」とは… 通常、お金を借りた人は「借りた額＋利子」で返すけど、この利子率のこと！

→ 例えば 1000円を金利10%で借りたら、返すときは1100円だね。

② 「金利の法則」… 資金の供給が増えたら金利は下がる！
⇔ 資金の供給が減ったら金利は上がる！

→ 金利は資金の需要と供給の関係で決まって、資金の供給が
増えたら供給曲線が右シフトする！

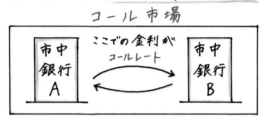

③ 「無担保コール翌日物金利」(通称：コールレート) … これは 市中銀行の間 (金融機関同士) で短期的な資金の貸し借りを行う際の市場(コール市場)での金利のこと。

→ コールレートは、市中銀行が企業にお金を貸し出す時の金利にも影響を与える！

→ 例えば、コールレートが下がれば市中銀行は他の市中銀行から低金利でお金を借りられるから、企業に貸し出す時の金利も連動して下がる！

コール市場

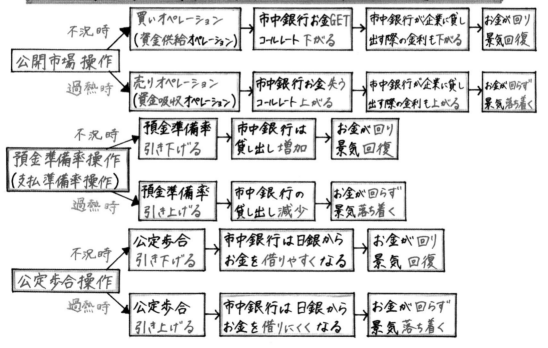

〈 ノート２ 〉公開市場操作・預金準備率操作・公定歩合操作

テーマ45 国富と国民所得

ストックとフロー　　一国の経済規模（一国の豊かさ）って、「ある時点」でどれだけの資産があるのか？　という観点の**ストック**と、「一定期間」でどれだけの経済活動が行われたのか？　という観点の**フロー**から把握されるんだ。ストックの具体的（代表的）な指標としては**国富**というものがあり、**ノート1**でその内容を確認してね。そしてフローの具体的（代表的）な指標としては、一定期間で新たに生み出された**付加価値**の合計額である**GDP**（国内総生産）や**GNP**（国民総生産）があるから、それらを詳しく見ていこう！

GDP（国内総生産）とGNP（国民総生産）　　　**GDP**や**GNP**の詳しい解説に進む前に、まずは**付加価値**という言葉のイメージを持ってほしいからそこから説明するね。付加価値を超簡略な例で説明すると、ある本の価格が1,000円で、その本の紙代が100円だとする（消費税や印刷代など細かいことは一旦全部無視ね）。ということは、その本が一冊売れるごとに900円（1,000円－100円）の新たな価値が生み出されるのがわかるかな？　そう、この900円の部分がまさに付加価値だ。イメージは持てた？　その上で**GDP**（国内総生産）とは何かというと、1年間で「国内で」新たに生み出された**付加価値**の合計額なんだ。式で表すと「**GDP＝国内の総生産額－中間生産物**」となるよ。**中間生産物**っていうのは、原材料費や燃料費のことで、賃金は含まれないからね。そうそう、GDPには市場で取引されない財やサービス（例：ボランティアや家事労働）は算入されないっていう点もおさえておいて！

　上記のGDPは誰が作ったかを問わず、「国内で」新たに生み出された付加価値を見るものだった。これに対して**GNP**（国民総生産）は、1年間で「国民が」新たに生み出した付加価値を見るものだ。GDPにひと手間加えることでGNPを算出できるから、**ノート2**を見て！　GDPに「**海外からの所得**」（ざっくり言うと**海外の国民**が生み出した所得）を加え、「**海外への所得**」（ざっくり言うと**国内の外国人**が生み出した所得）を差し引くことでGNPを算出できるんだ。

より詳しい指標　　さあGNPまで見てきたけど、より詳しい付加価値の指標として**NNP**（国民純生産）と**NI**（国民所得）があるから、それらも確認していこう。**NNP**は、**GNP**から**固定資本減耗**（減価償却費）を差し引くことで求めることができる。**固定資本減耗**っていうのは、摩耗した機械などを置き換えるためにかかる費用のこと。そして、**NNP**から間接税を差し引いて補助金を加えると**NI**になるよ。**ノート3**にこれまでの式をまとめておいたから、必ずおさえてね！

三面等価の原則　　国民所得は、生産・分配・支出という3つの面から捉えることができて、それぞれの面から捉えた国民所得を**生産国民所得・分配国民所得・支出国民所得**と呼ぶよ。例えば、新たに1万円分の付加価値が生み出されたら（生産）、その1万円は全て誰かに所得として分配され（分配）、分配された1万円は消費や投資など何らかの形で全て支出されるんだ（支出）。1万円の付加価値を「生産」「分配」「支出」という別々の面で捉えているだけだから、生産・分配・支出の額は当然等しくなる。まとめると、**生産国民所得・分配国民所得・支出国民所得**の額は等しくなり、これを三面等価の原則と呼ぶからね。

〈 ノート 1 〉 国富（ストックの代表例）

国富には 金融資産（株や現金 など）は 含まれない！！

国富 ＝ 国内の 実物資産（土地・建物・機械 など）＋ 対外純資産

〈 ノート 2 〉 GDPとGNPの違い

外国　　　　日本　　　GDP　　外国

𝕩 ＝ 国民

𝕩 ＝ 外国人

━ GNP

〈 ノート 3 〉 これまでの式 まとめ

- GDP（国内総生産）＝「国内の 総生産額」－「中間生産物」
- GNP（国民総生産）＝ GDP ＋「海外からの所得」－「海外への所得」
  ＝ GDP ＋「海外からの純所得」

「海外からの所得」マイナス「海外への所得」 をまとめて 「海外からの純所得」と呼ぶ。

- NNP（国民純生産）＝ GNP －「固定資本減耗（減価償却費）」
- NI（国民所得）＝ NNP －「間接税」＋「補助金」

〈 ノート 4 〉 三面等価の原則

生産国民所得　　　　　　　　　　　支出国民所得

━生産→　国民所得　←支出━

分↑配

分配国民所得

国民所得を別々の角度から見ているだけだから
それぞれの額は等しくなる！

テーマ46 経済成長率／物価／景気循環

経済成長率　「経済成長率」って言葉を聞いたことはあるかな？　経済成長率は、一般的にある年のGDPと前年のGDPを比べて何％変化したのか？　で表されるんだ。例えば、ある年のGDPが120兆円で、前年のGDPが100兆円だったとする。ということは、100兆円から120兆円に増えた＝20％増えたから、この時の経済成長率は20％って感じ。

　さあここからが重要なんだけど、実は一口に経済成長率といっても、詳しくは**名目経済成長率**と**実質経済成長率**の2つがあるんだ。**名目経済成長率**は、物価の変動を考慮**しない**経済成長率で、シンプルに2つの年のGDP（名目GDP）が何％変化したか？　で算出される。上記の例（経済成長率20％）がまさにそれ。それに対して**実質経済成長率**は、物価の変動を考慮**する**経済成長率で、2つの年の**実質GDP**が何％変化したか？　で算出されるんだ。**実質GDP**って何？　ってなると思うけど、これはもともとのGDP（名目GDP）の値を物価指数（GDPデフレーター）で割って（÷）、100を乗じる（×）ことで求められるGDP（物価の変動を考慮に入れたGDP）のこと。言葉だけだと難しいから　ノート1　で式と例題を確認してね。

物価　**物価**が持続的に**上昇**することを**インフレーション（インフレ）**、持続的に**下落**することを**デフレーション（デフレ）**と呼ぶ。インフレになると**貨幣の価値**が**下がる**んだけど、理由は超簡単。例えば今おにぎりの価格が1個100円で、1万円持っていればおにぎりを100個買える状況だとする（消費税とか細かいことは一旦無視！）。でも、インフレになっておにぎりの価格が1個1,000円になったらどうなるかな？　1万円で買えるおにぎりの数が10個に減っちゃうよね。そう！　同じ1万円でも買える量が減る＝貨幣の価値が下がってるんだ！　デフレでは逆に貨幣の価値が上昇するからね。

　じゃあ次はちょっと頭の体操。デフレになると、借金をしている人（**債務者**）の返済の負担は重くなるでしょうか、それとも軽くなるでしょうか？　……答えは**重くなる**！　理由はこちらも超簡単。例えば私が友達から1万円を借りた時に、おにぎりの価格が1個100円だとする。この時借りた1万円はおにぎりだと100個分の返済負担だ。それがデフレになり、おにぎりの価格が1個10円になったら……私が友人に返さなきゃいけない額は1万円で変わらないけど、その1万円という額はデフレ後ではおにぎり1,000個分の返済負担になってしまったよね？　そう！　実質的に返済負担が重くなっているんだよ！　暗記より理解が大切！　ノート3　で重要用語もあわせておさえてね。

景気循環　資本主義経済では、**好況→後退→不況→回復**という4つの局面が周期的に循環するんだ。そしてその周期（景気の波）にはいくつかの名前があるんだけど、下の表で波の名前とその変動要因をワンセットでおさえることが大切！

名前	要因	周期
キチンの波	新商品などに伴う**在庫投資**	約40か月
ジュグラーの波	機械などの**設備投資**	約10年
クズネッツの波	建物などの**建設投資**	約20年
コンドラチェフの波	**技術革新**	約50年

〈ノート1〉名目経済成長率・実質経済成長率

名目経済成長率 … 物価の変動を考慮しない経済成長率

$$名目経済成長率(\%) = \frac{ある年の名目GDP - 前年の名目GDP}{前年の名目GDP} \times 100$$

> 名目GDPとは、手を加えていない元のGDP（物価の変動を考慮しないGDP）のこと！

実質経済成長率 … 物価の変動を考慮する経済成長率

$$実質経済成長率(\%) = \frac{ある年の実質GDP - 前年の実質GDP}{前年の実質GDP} \times 100$$

$$実質GDP = \frac{名目GDP}{物価指数（GDPデフレーター）} \times 100$$

例題：ある年の名目GDPが130兆円、前年の名目GDPが100兆円であった。また、ある年の物価指数は104で、前年の物価指数は100であった（4%物価上昇）。この時の名目経済成長率と実質経済成長率をそれぞれ求めよ。

$$名目経済成長率 = \frac{130兆円 - 100兆円}{100兆円} \times 100 = 30\%$$

実質経済成長率 … ① まずは、ある年の実質GDPと前年の実質GDPを計算する！
　　　　　　　　　② 次に、二つの年の実質GDPが何%変化したのか？を求める！

$$ある年の実質GDP = \frac{130兆円}{104} \times 100 = 125兆円 \quad 前年の実質GDP = \frac{100兆円}{100} \times 100 = 100兆円$$

$$実質経済成長率 = \frac{125兆円 - 100兆円}{100兆円} \times 100 = 25\%$$

〈ノート2〉物価

インフレになると貨幣価値が下がる

インフレ前 … 1万円 = 🍙 × 100個の価値
　　　　　　　　（100円）
↓
インフレ後 … 1万円 = 🍙 × 10個の価値
　　　　　　　　（1000円）

デフレになると借金返済の負担が増える

デフレ前 … 1万円の借金 = 🍙 × 100個の負担
　　　　　　　　　　　（100円）
↓
デフレ後 … 1万円の借金 = 🍙 × 1000個の負担
　　　　　　　　　　　（10円）

〈ノート3〉物価に関する重要用語

スタグフレーション … 景気の悪化とインフレが同時に発生する状況
デフレスパイラル … デフレが景気を悪化させ、景気の悪化がさらなるデフレをもたらす悪循環

〈ノート4〉景気循環

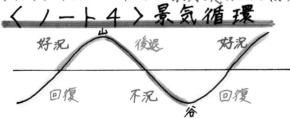

好況　山　後退　好況
回復　不況　谷　回復

日本経済の歩み①(復興期〜第一次石油危機)

戦後復興期(1945年〜)　第二次世界大戦で大きなダメージを受けた日本経済は、奇跡のような復活を遂げていった。ここからは、戦後日本経済の歩みを見ていくよ！

戦後復興期でまずみんなにおさえてもらいたいのが、**経済の民主化政策**。これは**GHQ**(連合国軍総司令部)の指令によって行われた政策で、具体的には①**財閥解体**、②**農地改革**、③**労働民主化**だ！内容は　ノート1　をチェック！　次におさえてもらいたいのが、政府が行った**傾斜生産方式**。政府は、全ての産業を均等に復興させることなど不可能だったから、限られた資源を石炭・鉄鋼・電力などの**基幹産業**へ重点的に配分する傾斜生産方式を採用したんだ。そしてそのために必要となる資金を政府設立の**復興金融金庫**ってところが融資していったよ。

でも、その結果お金が出回りすぎて激しい**インフレ**が発生してしまうんだ(復金インフレ)。これではまずい！　ということで、インフレをおさえるために1949年にアメリカから派遣された**ドッジ**によって**ドッジ・ライン**が実施され、インフレは収束していった。　ノート2　でドッジ・ラインの内容を確認してね。でも！　ドッジ・ラインによる引き締めの結果、今度は**不況**(安定恐慌)になってしまったんだよ！　ジェットコースターみたいな展開が続くね。そんな日本の状況を大きく変えたのは、**朝鮮戦争**だ。**1950年**に**朝鮮戦争**が勃発したことでアメリカが日本から大量の物資を調達する**特需**が発生した。これにより日本の景気は一気に回復して、不況を脱したんだ。大まかな流れはこんな感じ↓。

> 傾斜生産方式→インフレ→ドッジ・ライン(インフレ収束)→不況→朝鮮戦争(特需発生)

高度経済成長期(1950年代半ば〜1973年)　次にくるのは、実質経済成長率が年平均10％もあった**高度経済成長期**だ。今の私たちでは想像できないような成長が続き、**1968年**にはGNPが資本主義諸国の中で**第2位**にまでなる。そんな高度経済成長期は**神武景気→岩戸景気→オリンピック景気→いざなぎ景気**に分けることができて、最初の3つを前半期、いざなぎ景気を後半期としたりもする。　ノート3　で代表的な出来事を必ず確認してね。

じゃあ、日本はなぜそんなすごい成長を達成できたの？　って気にならない？　その要因をいくつかお伝えしましょう。まず①**民間設備投資の拡大**だ(特に前半期)。民間設備投資っていうのは、民間の工場建設や機械購入をイメージしてね。民間企業が新しい機械GET→売上UP→よりよい機械GET→売上UP……って感じで、まさに「**投資が投資を呼ぶ**」状況だったんだ。そしてそれを支えたのが、②**高い貯蓄率＋間接金融**(市中銀行の貸出)**の拡大**だ。みんながキチンと貯金をしたから市中銀行は手持ちのお金に余裕があり、企業にたくさんお金を貸し出したんだ。そして③**輸出の増加**(特に後半期)。いざなぎ景気のころには輸出が伸びて、輸出が成長の原動力となったね。

第一次石油危機(1973年)　ただ、絶好調の高度経済成長期にも終わりがきてしまう。**1973年**に**第一次石油危機**が発生して、原油価格が4倍以上に上昇してしまった。これにより日本経済は深刻な打撃を受けて、翌**1974年**には戦後初めて実質経済成長率が**マイナス**になってしまったんだ。この当時、日本経済は**景気の悪化**と**インフレ**が**同時**に発生する**スタグフレーション**に見舞われていたという点は必ずおさえてほしいな。

〈 ノート 1 〉 GHQの指令による経済の民主化政策

① 財閥解体 … 戦前の日本経済を支配していた財閥を解体して、企業間の競争を促す！

② 農地改革 … 自分の土地を持つ自作農を増やす！（寄生地主制 の廃止）

③ 労働民主化 … 労働組合の育成や労働三法（労働組合法・労働関係調整法・労働基準法）の制定！

〈 ノート 2 〉 ドッジ・ラインの内容

・歳出削減 による 均衡予算 の確立

・1 ドル ＝ 360 円の単一為替レート の設定　　など

〈 ノート 3 〉 高度経済成長期の代表的な出来事

前半期

神武景気 … 『経済白書』で「もはや戦後ではない」と宣言（1956年）。

岩戸景気 … 池田勇人内閣が「国民所得倍増計画」を発表（1960年）。

オリンピック景気 … ① 東京オリンピック 開催（1964年）。

② 日本は先進国クラブとも呼ばれるOECD（経済協力開発機構）に加盟（1964年）。

※ この時期、三種の神器（白黒テレビ・電気洗濯機・電気冷蔵庫）が普及する。

後半期

いざなぎ景気 … GNPが 資本主義諸国の中でアメリカに次ぐ第2位になる(1968年)。

※ 4つの時期の中で いざなぎ景気 が最長の景気拡大。

※ この時期、3C（車(car)・カラーテレビ・クーラー）が 普及する。

〈 ノート 4 〉 高度経済成長の要因まとめ

① 民間設備投資 の拡大（特に前半期）

② 高い貯蓄率＋間接金融の拡大

③ 輸出の増加（特に後半期）

④ 政府の産業保護政策

⑤ 安価で豊富な労働力　　など

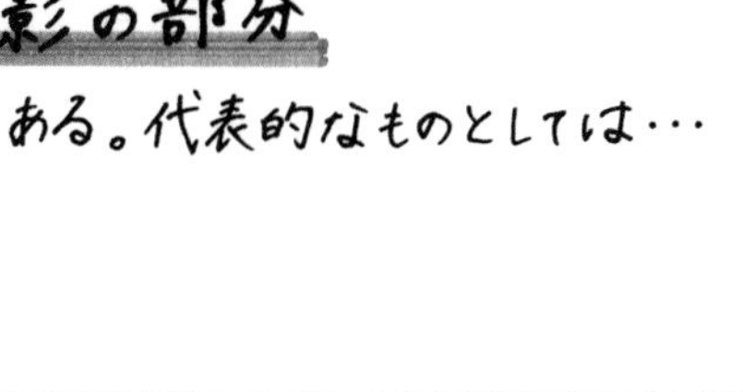

〈 ノート 5 〉 高度経済成長の影の部分

高度経済成長は良いことだけでなく、影の部分もある。代表的なものとしては…

① 公害の発生

② 第一次産業の衰退　　など

日本経済の歩み②（安定成長期～バブル崩壊）

テーマ48

安定成長期（1970年代半ば～1980年代後半）
このテーマでは、高度経済成長後の日本経済の歩みを見ていこう！　**1979年**に**第二次石油危機**が起きるんだけど、第一次石油危機の教訓が活かされたこともあって、他の先進諸国が**スタグフレーション**に悩む中、日本は比較的早く景気を回復させたんだ。そして強い輸出に支えられながら、実質経済成長率４～５％位の**安定成長**を実現していった。

バブル経済期（1980年代後半～1990年代初頭）
そんな安定成長期の次にくるのが**バブル経済期**（バブル景気・平成景気）だ。この時期、高級住宅やブランド品が飛ぶように売れて、ディスコ（知ってる？）で朝まで踊る若者がたくさんいたり、就職も今と比べるとかなり楽だったり、すっごい時代だった。だけど、そんな景気は泡のように膨らみ、一気に破裂してしまった。バブル経済期の最大の特徴は**地価や株価**が異常なほど**高騰**していたっていう点だから、まずはそれを頭に入れてほしい（ちなみに消費者物価は地価や株価ほどの大きな変化はなかったよ）。

ではそもそも、なぜバブルが発生したのかなんだけど、きっかけは**1985年**の**プラザ合意**なんだ。これ超重要だから詳しく説明するね。1980年代当時、**アメリカ**は**貿易赤字**と**財政赤字**という**双子の赤字**に苦しんでいた。そこでアメリカの貿易赤字を好転させるために、**1985年**に**G5**（先進５カ国財務相・中央銀行総裁会議）が**ドル高是正**の**協調介入**を行うことを合意したんだ（**プラザ合意**）。簡単に言うと、「各国が協調してアメリカにとって輸出が有利な為替レートにしてあげた」ってイメージして！　でも……当然だけどアメリカにとって輸出が有利な為替レート（円高）ということは、日本にとっては輸出が不利な為替レートとなり日本の輸出産業は大打撃！　輸出に支えられていた日本はなんと**不況**になってしまった（**円高不況**）。ちなみにこの時、国内産業（特に製造業）が海外に流出する**産業の空洞化**がかなり進んだからね。

そんな状況をみた日本銀行がどうしたのかというと、景気を回復させるために**公定歩合**（何それ？　っていう人は**テーマ44**を復習！）を引き下げる**低金利政策**を行ったんだ！　すると、今度は市中銀行達に**カネ余り**が発生！　市中銀行達は余剰資金をもとに家計や企業に積極的な融資を行い、企業や家計がそのお金をもとに株式や土地への過剰な投機を行ったんだ。なぜ株式や土地？　というと、当時はいわゆる「**土地神話**」ってものがあって、地価や株価は上がる（下がらない）ものだと多くの人が信じて疑わなかった。だから我先にとみんなが土地や株式を買いあさったんだよね（その結果、土地や株式などの資産を持つ人と持たない人の間で格差（**資産格差**）が拡大したけど……）。こうして、地価と株価が高騰するバブルが発生したんだ。

バブル崩壊（1990年代初頭）
でも、泡ははじけてしまう。過熱しすぎた景気を抑えるために、今度は日本銀行が**金融引き締め**として**公定歩合の引き上げ**を行ったり、政府も**地価税**を導入して土地保有者に税を課したり、土地取引の規制をしたんだ。その結果、**1990年代初頭**に地価や株価が大幅に下落してバブル経済は崩壊しちゃった。バブルの崩壊は日本経済に深刻な爪痕を残して、崩壊後の約10年（もしくは1990年代）は**失われた10年**と呼ばれたりするよ。バブルの発生から崩壊の流れを**ノート**にまとめたから、流れを重視して確認してね！

〈 ノート 〉 バブルの発生と崩壊 のおおまかな 流れ

アメリカが 双子の赤字(貿易赤字と財政赤字)に苦しむ

⬇

1985年の プラザ合意 でドル高是正
(それ以前と比べてアメリカにとって輸出有利な為替レートになるよう各国が協調介入)

⬇

プラザ合意 の結果、それ以前よりも 日本にとって 輸出不利な為替レートになり、日本の輸出産業が 大打撃を受け 円高不況 になる

⬇

日本銀行が公定歩合を引き下げる(低金利政策)

 低金利政策 日銀

 市中銀行

⬇

市中銀行達が企業や家計に積極的に融資を行うようになり、土地や株式への投機が盛んになる

株式・土地買うぞ！

⬇

地価・株価が高騰する バブル発生

 UP!!

土地 株式

⬇

過熱した景気を抑えるため、日本銀行が公定歩合を引き上げたり(金融引き締め)、政府が 地価税 を導入

⬇

 景気

90年代初頭、バブル崩壊

第4章 経済分野

テーマ49 日本経済の歩み③（平成不況〜近年）

平成不況・失われた10年（1990年代初頭〜2000年代初頭）

直前の**テーマ48**でも触れたけど、バブル崩壊後の約10年（もしくは1990年代）は**失われた10年**と呼ばれたりする。この時期、企業は**事業の再構築（リストラクチャリング／リストラ）**の名の下に大幅な人員削減を進め、**2002年**には完全失業率が戦後最悪の**5.4%**を記録した。また、市中銀行をはじめとした金融機関の中には、バブル経済期に融資したお金の回収ができず多額の**不良債権**を抱えるところや、一般の企業にあまりお金を貸そうとしない**貸し渋り**を行うところも少なくなかった。また、経営状況が悪化した金融機関のいくつかは実際に**1990年代後半**に破綻したりもしたよ。加えて、**1997年**に**タイ**の通貨バーツの暴落をきっかけに起こった**アジア通貨危機**の影響から、日本は**1998年**に実質経済成長率がマイナスになってしまったんだ。なんだか踏んだり蹴ったりだね。

戦後最長の景気拡大（2002〜2008年）

そんな状況のなか、**2001年**に誕生したのが**小泉純一郎内閣（2001〜2006年）**だ。小泉内閣は**構造改革**を掲げてさまざまな**規制緩和**や**民営化**を進めるなど、市場原理を重視する**小さな政府**を目指すような政策を行っていった。ちなみに、この時の民営化の例は**日本郵政公社**や**日本道路公団**の民営化が有名だよ。

そして小泉内閣の時期から日本経済は次第に回復に向かい、**2002年**から**2008年**にかけて**戦後最長の景気拡大**を達成したんだ。ただし！！！　この景気拡大は確かに期間は長かったけど、この期間の実質経済成長率は1〜2％しかなくて**経済成長率**で見ると高度経済成長期のいざなぎ景気に遠く及んでいなかったんだ（**ノート2**を確認してね）。だから、この景気拡大は多くの人にとって**実感なき景気回復**だったし、加えてこの時期に非正規雇用の増加もあったりして、「**格差社会**」って言葉が流行語になったりもしたんだよね。

世界金融危機（2008年）

2008年、アメリカの大手証券会社**リーマンブラザーズ**が経営破綻した（**リーマンショック**）。経済のグローバル化が進む中で、その影響は瞬く間に世界中に広がり、世界的な金融危機が発生して100年に一度の不況とも呼ばれる**世界同時不況**になったんだ。当然だけど日本もその影響を受けて実質経済成長率がマイナスとなってしまったよ。

東日本大震災（2011年）

記憶にある人も多いと思うけど、**2011年**、**東日本大震災**が発生してしまった。**東京電力福島第一原子力発電所事故**をきっかけに日本の全ての原子力発電所が一時停止して、それにより不足する電力を火力発電所で補ったんだ。でも、そのための燃料（液化天然ガスなど）を海外から多く輸入したこともあり、貿易収支が赤字になったりもした。

新型コロナウイルス感染症

新型コロナウイルス感染症（COVID-19）の世界的流行（**パンデミック**）は、日本に甚大な影響をもたらした。コロナ禍で**インバウンド（訪日外国人旅行者）**は以前よりも極端に少なくなり、感染拡大防止のために国内の経済活動の抑制が余儀なくされ、旅行業界や飲食業界をはじめ多くの業界が未曾有の大打撃を受けたのはみんなのご記憶の通りだ。

最後に、これからの日本経済の代表的課題を**ノート4**にいくつか挙げてみたから、目を通してみてね！

〈ノート1〉失われた10年の特徴

リストラクチャリング … 本来は「事業の再構築」を意味するリストラクチャリング（リストラ）が、人員削減の意味で使われはじめ、失業率も上昇した。

不良債権・貸し渋り … バブル崩壊により多額の不良債権（回収が困難となった債権）を抱えた市中銀行は、企業への融資に慎重になった（貸し渋り）。結果、資金調達が難しくなり倒産する企業も現れ、非・金融機関の倒産も相次いだ。

デフレスパイラル … 企業が労働者賃金を抑制 → 消費者の需要減退 → 物価下落（デフレ） → 企業収益の悪化 → 労働者賃金の抑制 → …という悪循環が発生。

〈ノート2〉戦後最長の景気拡大と他の経済期の比較

	いざなぎ景気	バブル経済期	戦後最長の景気拡大期
期間	1965年11月〜70年7月（57か月）	1986年12月〜91年2月（51か月）	2002年2月〜08年2月（73か月）
実質経済成長率（年率換算）	11.5%	5.3%	1.6%
消費者物価の上昇率	5.6%	1.1%	−0.1%
就業者数の増加幅	364万人増	396万人増	97万人増

内閣府『日本経済2018−2019』

〈ノート3〉アベノミクス（+αの知識）

2012年に発足した第二次安倍晋三内閣は、アベノミクスと呼ばれる経済政策を打ち出した。

> アベノミクスの「三本の矢」
> ① 大胆な金融政策 … 金融緩和
> ② 機動的な財政政策 … 公共事業の拡大
> ③ 民間投資を喚起する成長戦略 … 規制緩和

〈ノート4〉これからの日本経済の代表的課題

少子高齢化

→ このままのペースで少子高齢化が進むと、労働力人口の大幅な減少や社会保障費の増大などが予想される。したがって、大胆な少子化対策などが必要不可欠。

国際競争力の強化

→ 経済のグローバル化がますます進んでおり、これまで以上に様々な分野で国際的な競争が激しくなる。そのため、国際競争力を持った産業や人材の育成が急務。

様々な格差への対応

→ 労働者間で広がる賃金格差や都市と地方の人口・経済力格差をはじめとして、日本では様々な格差が深刻化しており、それらへの対応が求められる。

テーマ 50 産業構造の高度化と高度情報社会

産業構造の高度化　これまでの経済分野**テーマ47〜49**で学んできたように、第二次世界大戦後の日本経済は目覚ましい発展を遂げたんだけど、その過程で産業構造も大きく変化したんだ。**高度経済成長期**には、それ以前は全就業者の半数近くを占めていた**第一次産業**(農林水産業)の就業者の割合が急速に低下して、**第二次産業**(製造業など)と**第三次産業**(サービス業など)の割合が増加していった。

そして**1973年**と**1979年**の二度の**石油危機**を契機として、国内の主要産業が大きく変化し始めたんだけど(　**ノート1**　を確認！)、それに伴って第一次産業だけでなく第二次産業の割合も頭打ちとなった(もしくは低下傾向となった)。でも一方で、第三次産業の割合はその後もどんどん伸び続けたんだ。結果、近年では第三次産業の就業人口の割合は約70%にも及ぶよ。このような変化を経て日本は**産業構造の高度化**を達成したんだけど、その過程でモノ(ハード)よりも知識や情報、サービスなどの価値の比重が増大する**経済のソフト化・サービス化**が進んだね。ちなみに、第一次産業→第二次産業→第三次産業と産業の比重が変化していく現象は**ペティ・クラークの法則**と呼ばれるからね。

高度情報社会の到来　近年の**情報通信技術(ICT)**の進歩は本当に目覚ましく、技術の進歩によって、いつでも、どこでも、誰でもインターネットをはじめとした情報通信技術につながれる社会である**ユビキタス社会**が到来した。私たちはスマートフォンを使ってインターネット経由で買い物＝**eコマース(電子商取引)**をしたり、調べものをしたり、**SNS(ソーシャル・ネットワーキング・サービス)**で自ら発信するのが当たり前の世の中になったね。さらに、家電や車などをはじめとして、従来はインターネットにつながっていなかった世の中のモノがインターネットにつながるようになる**IoT(モノのインターネット)**がどんどん進んでいるし、金融と情報通信技術を組み合わせた**フィンテック(FinTech)**なんて言葉も登場して、スマートフォンなどを利用して現金を使わずに決済を行う**キャッシュレス決済**も広がりをみせている。私が小学生のころには考えられなかったようなことがたくさんできるようになってきて、本当に色々と便利になったなーって思うよ。一方で、情報通信技術を活用できる人とそうでない人の間で格差も生じていて、そのような格差を**デジタル・デバイド**って言うんだけど、今後それはもっと大きくなるだろうね。

そうそう、近年の技術の進歩と言えば、**AI(人工知能)**についても触れておこう。AIはすでに社会のさまざまな場面で活躍していて、例えば人々の購買行動などの大量のデータ(**ビッグデータ**)をAIが分析してたりする。さらに、AIの発達に伴って現在ある職業の多くが、将来はAIに奪われてしまうともいわれている。AIに奪われずに残った職業でも、将来的にAIと協働することが求められるようになると思うな。私たちがAIと今後どう向き合うのかをはじめとして、新しい技術への対応力がこれまで以上に求められるようになるだろうね。

技術革新　AIのような技術革新は、社会の仕組み自体を大きく変える可能性がある。技術革新に関しては、経済学者の**シュンペーター**っていう人が**技術革新**(創造的破壊)こそが経済を発展させる原動力だ！　と言った点をおさえておくとGOOD！

〈ノート1〉石油危機による産業の転換

〔エネルギー多消費〕

「重厚長大型」産業
鉄鋼・石油化学工業などの資本集約型・素材型産業

2度の
石油危機

〔省エネルギー〕

「軽薄短小型」産業
自動車などの加工組立型産業や情報通信などの知識集約型産業

〈ノート2〉高度情報社会の重要用語

● ユビキタス社会
→いつでも、どこでも、誰でもインターネットをはじめとした情報通信技術につながれる社会。

● eコマース(電子商取引)
→インターネット経由での買い物。

● IoT(モノのインターネット)
→従来はインターネットにつながっていなかった世の中のモノが、インターネットにつながるようになること。

● フィンテック(FinTech)
→金融と情報通信技術の融合。

● デジタル・デバイド
→情報通信技術を活用できる人とそうでない人との間で生じる格差。

● Society 5.0(+αの知識)
→狩猟社会(Society 1.0)、農耕社会(Society 2.0)、工業社会(Society 3.0)、情報社会(Society 4.0)に続く、新たな超スマート社会(Society 5.0)。
→サイバー空間(仮想空間)とフィジカル空間(現実空間)を融合させることで、経済発展と社会的課題の解決を目指す人間中心の社会。

〔ドローンによる配達〕　〔自動運転〕　〔AIが必要な情報を私たちに提供〕

テーマ 51

中小企業問題

中小企業の現状　日本には数多くの企業があって、みんなも「知っている企業の名前をあげてみて」って言われたらたくさん言えると思う。では、突然ですが問題です。日本の企業のうち、**中小企業の割合**はどれくらいでしょう？　答えは……**99%以上**！　実は大企業の割合は1%以下しかなくて、ほとんどが中小企業なんだ！　さらに、**従業者数**で見ると、全体のうち**約70%**の人が中小企業に従事しているよ。つまり、日本経済を支えているのは中小企業と言っても過言ではないんだよね。

でも実は……1年間で新たに生み出された**付加価値の額**で見ると、中小企業は日本全体の**約50%**しか生み出せていないんだ。これはつまり、企業数では全体の1%以下しかない大企業が日本全体の約50%の付加価値を生み出していると言い換えることができる。じゃあ、なんでそんなに差が生まれてしまうのか？　それは、大企業と中小企業の間には**資本装備率**（ざっくり言うとどれだけよい機械などを持っているか）の格差を要因とした、**生産性格差**や**賃金格差**があるからなんだ。そりゃよい設備を持っていれば生産性も高くなるよね。そしてこのような大企業と中小企業の格差は**経済の二重構造**と呼ばれる。重要用語だからぜひおさえてね。

そうそう、中小企業の中には大企業の**下請け企業**として部品を作るところも多いし、大企業から資本や技術提供を受けて**系列企業**となっている場合もある。ただ、景気が悪くなると大企業は赤字を出さないために下請け企業に対する発注の切り捨て（削減）を行い、下請け企業が大打撃を受けることもしばしばあるんだ。このように、中小企業は大企業にとっての**景気の調整弁**として使われてしまうことがあるのが問題視されているよ。

活躍する中小企業　とはいえ、日本にはスゴい中小企業もたくさんある。独自の商品を武器に世界でトップシェアを占める中小企業や、大企業では採算が取れないような**ニッチ産業**（隙間産業）に進出して売り上げを伸ばす中小企業もあるし、地域の伝統的な技法を用いて特産品を製造する**地場産業**でも中小企業が活躍しているよね（地場産業の代表例は✎ノート3）。また、近年では独自の技術やアイデアを活用して新しい市場の開拓に挑む**ベンチャー企業**（ベンチャー・ビジネス）も増えている。そうそう、インターネットの広がりは企業によっては販路拡大のチャンスとなり、**eコマース**（電子商取引）を活用して商品を販売している中小企業も多いよね。ぜひみんなも地元にある中小企業を調べてみてね！　「こんなスゴい企業があるんだ！」ってきっと驚くと思うよ。

中小企業の抱える問題　では最後に、中小企業の抱える代表的な2つの問題をお伝えしてこのテーマを終わりとしよう。まずは、**資金調達の問題**だ。起業したり新たな投資を行う際には、どうしても資金を調達する（お金を借りたりする）必要が出てくる。でも、お金を借りる時の担保となる資産が少なかったり、信用があまり高くなかったりで、中小企業は金融機関から資金を調達するのが難しい場合が多いんだ。ちなみに、そんな厳しい状況ではあるけど、成長が期待できるベンチャー企業に資金を提供する投資会社（**ベンチャーキャピタル**）や、個人投資家（**エンジェル**）も存在するからね。

次は、**事業継承の問題**だ。経営者の高齢化により、黒字なのに後継者がいなくて廃業する中小企業も多いんだ。これに伴い、さまざまな技術が失われてしまう恐れがあるんだよね。

〈 ノート 1 〉 中小企業と大企業の割合

大企業 0.3%

| 企業数
(2016) | 中小企業　99.7% | |

| 従業者数
(2016) | 中小企業　68.8% | 大企業　31.2% |

| 付加価値額
(2015) | 中小企業　52.9% | 大企業　47.1% |

（『中小企業白書』2021年版 ）

〈 ノート 2 〉 中小企業の定義

中小企業基本法によれば、資本金額と従業員数のどちらか一方でも
↓の表に当てはまれば中小企業に定義上分類される。

業種	資本金額	従業員数
製造業	3億円以下	300人以下
卸売業	1億円以下	100人以下
サービス業	5000万円以下	100人以下
小売業	5000万円以下	50人以下

〈 ノート 3 〉 地場産業の例

◎ 愛媛県今治市 … タオル
◎ 福井県鯖江市 … メガネフレーム
◎ 兵庫県豊岡市 … カバン

豊岡鞄

メガネフレーム

タオル

〈 ノート 4 〉 大規模小売店舗法と大規模小売店舗立地法

（＋αの知識 ）

・大規模小売店舗法 (1973年制定・2000年廃止)
→ 百貨店やスーパーマーケットなどの大型店の出店を 規制 する法律。

小さなお店を
守るため！

・大規模小売店舗立地法 (2000年施行)
→ 大規模小売店舗法に代わって施行された法律。大型店の出店規制が大幅に 緩和 される。

テーマ 52 消費者問題／契約とは何か

悪質商法　成人年齢が18歳に引き下げられたことで、18歳になれば保護者の同意なしでさまざまな契約を自分の意思で結べるようになったよね。でもこれって、これまで以上に若い人が**悪質商法**に巻き込まれる可能性が高くなったことも意味するんだ。代表的な**悪質商法**を **ノート2** にまとめておいたから、みんなも気をつけるんだよ。

契約とは　ところで、みんなはそもそも**契約**って何か知ってる？　契約とは、ざっくり言うと買う側と売る側の意思が一致して売買が成立することで、例えばコンビニで飲み物を買うとき（売買契約）や電車に乗るとき（旅客運送契約）にも契約は成立している。そう！　実はみんなは毎日何回も契約を結んでいるんだ！　そしてお気づきかもしれないけど、契約は書面の契約書がなくても合意があれば成立し得るからね。もちろん、契約を結んだ人はそれを守る義務がある。買う側はお金を払う義務（**債務**）があるし、売る側はお金を受け取る権利（**債権**）がある。また、個人と個人が結んだ契約については国家が基本的には干渉せず、それぞれの意思を尊重するという**契約自由の原則**が契約の基本的な考え方とされているからね。

ただし、結ばれたらどのような契約でも有効というわけではないんだ。例えば親の同意がない未成年者による契約ならば**未成年者取消権**が民法で原則として保障されているし、奴隷になる契約のような公序良俗に反する契約や、詐欺・脅迫によって結ばれた契約は無効にすることができるよ。

消費者主権・消費者行政　私たち消費者は、商品の購入を通して生産のあり方を決定する権利を持つとされ、これを**消費者主権**と呼ぶ。でも、現実では私たちは商品の情報を売り手よりも持っていないし（**情報の非対称性**）、企業の広告や宣伝から影響を受けて購入したり（**依存効果**）、友だちが持っているなど他者の消費行動に影響を受けて購入しがちだよね（**デモンストレーション効果**）。

そんな私たち消費者の利益を守るために、さまざまな法律や制度が整備されているんだ。代表的なものとしては、消費者の権利尊重や自立支援を定める**消費者基本法**がある。他にも**製造物責任法（PL法）**は、欠陥商品により消費者が被害を被った場合に、その商品の欠陥を消費者が証明すれば製造者に過失がなくても賠償責任がある（**無過失責任**）と規定しているよ。また、**特定商取引法**は訪問販売や電話勧誘販売などでの契約ならば、一定の期間内で消費者側から契約の一方的解除（違約金や取消料なし）を書面により行える**クーリングオフ制度**を定めている。さらに、**消費者契約法**は、売る側が事実と異なる説明をした場合など、消費者にとって極端に不利な契約や不適切な勧誘による契約の取り消し・無効を認めているよ。

また、**2009年**には消費者行政を強化するための国の機関として**消費者庁**が設立されたんだ。他にも、国民生活に関する情報提供を行う独立行政法人である**国民生活センター**や、各地の地方公共団体に設置された消費者の相談窓口となる**消費生活センター**もあるね。

多重債務問題　近年、現金での支払いを行わない**キャッシュレス社会**になってきていて、**クレジットカード**を利用する人も多い。でも、クレジットカードの無計画な利用や消費者金融の利用によって多重債務に陥ってしまい、**自己破産**する人もいるんだ。ご利用は計画的にね。

〈ノート１〉18歳になればできること・できないこと

- ○ 結婚
- ○ 国政選挙・地方選挙の投票
- ○ 保護者の同意なしでスマートフォンの契約
- ○ 運転免許の取得（普通自動車）
- × 飲酒・喫煙・公営ギャンブル（20歳から）

〈ノート２〉悪質商法

① キャッチセールス
路上で声をかけ、近くの喫茶店や
営業所などに連れていき契約をさせる方法。

② マルチ商法
「新会員を入会させると見返りが得られる」
などの手法により、商品の購入者を販売
員にして会員を増やしながら商品を販売
していく方法。

③ ネガティブオプション
注文していない商品を一方的に送り付け、
断らなければ購入したとみなして代金を
支払わせる方法。

④ アポイントメント商法
電話やメールで「あなたが当選しました」
などと称して、本来の目的を隠して勧誘や
呼び出しを行い契約をさせる方法。

〈ノート３〉自己破産をすると

債務者（借金をしている人）自身が裁判所に申し立てを行って支払い不能である
ことが認定されると、残りの借金の返済が免除される。でも…
→ 自己破産をすると、その後しばらくクレジットカードを作れなくなったり、住宅ローン
が組めなくなったりするなど、社会的信用を失うことになる。

テーマ 53　公害問題／農業問題

公害問題　1950年代半ばからの高度経済成長期、日本には物質的な豊かさがもたらされた一方で、全国各地で**公害**が発生してしまったんだ。代表的な**四大公害**を**ノート2**で確認してね。

公害の深刻化に伴い国も本格的に動き出すんだけど、例えば**1967年**に**公害対策基本法**が制定された。他にも**1970年**には公害問題に関する集中的な議論が行われた**公害国会**が開かれて、**1971年**には**環境庁**（2001年から**環境省**）が設置されたんだ。また、公害対策と環境保全をあわせて行うことを狙いとして、**1993年**には公害対策基本法に代わって**環境基本法**が制定されたよ。

公害対策・環境保全の原則や制度　公害対策や環境保全が進むにつれて採用されるようになった原則や制度があるんだ。特に大切な**汚染者負担の原則（PPP）**、**無過失責任の原則**、**総量規制**、**環境アセスメント（環境影響評価）**を**ノート3**で必ず確認してね！

農業の現状　現在の日本の農業就業人口数は高度経済成長前と比べて激減していて、しかも全農業就業人口の約7割が高齢者で占められているんだ。また、日本の**食糧自給率**（供給熱量ベース）は**約40%**と先進国のなかで最低水準となっているし、耕作放棄地の増加や農家の後継者不足、安い海外の農作物との競争など、課題が山積みと言える。ただ、希望もあるよ。近年、ロボットやICT、AIなどの先端技術を活用した**スマート農業**に注目が集まっているんだ。先端技術と農業の融合（**アグリテック**）は、農業の高収入化や若者が持つ農業のイメージの変化をもたらすと言われているね。その他のキーワードも**ノート4**でチェックしてね。

農業政策の歴史　日本の農業政策としてまずおさえてもらいたいのが、**農地改革**だ。これは**テーマ47**でも触れたけど、終戦後に行われた農地改革によってそれまで自分の農地を持っていなかった小作人たちが自分の農地を持つようになり、自作農が大幅に増えたんだ。

高度経済成長期になると、農業と他産業の所得格差の縮小を目標に**農業基本法**が制定された（**1961年**）。これ超大切な法律。この法律によって、需要の増加が予想される果樹や畜産への転換を促す**農業の選択的拡大**や、農家の機械化や経営規模の拡大などによる**自立経営農家**の育成が進められたよ。ちなみに、この法律に代わって**1999年**に**食料・農業・農村基本法**が制定されて、新たな目標として農業の持つ**多面的機能**（良好な景観の形成、文化の伝承など）の発揮や、食料の安定供給確保が目指されることとなったんだ（農業と他産業の所得格差の縮小は現在の目標じゃないからね）。

新食糧法（食糧需給価格安定法・**1994年**制定）も大切だ。日本では戦前から**食糧管理法**（1942年制定）に基づく**食糧管理制度**によって、ずーっと政府がコメなどの主要作物の価格や流通を管理し続けていたんだ。でも、新食糧法の施行に伴い食糧管理制度が廃止されて、コメの価格や流通が大幅に自由化されたよ。

そして忘れてはいけないのが、コメの**ミニマムアクセス**（最低輸入量）。多国間で貿易の協議がなされた**GATT**の**ウルグアイ・ラウンド**交渉の結果、海外から日本にコメが**ミニマムアクセス**として輸入されることになったんだ！（1995年から）。なお、**1999年**からはコメは**関税化**され、関税（輸入にかかる税金）を払えば海外から自由にコメが輸入できるようになったよ。

＜ノート１＞典型7公害

大気汚染　　水質汚濁　　土壌汚染　　騒音　　　振動　　　地盤沈下　　悪臭

＜ノート２＞四大公害

	新潟水俣病	四日市ぜんそく	イタイイタイ病	水俣病
被告	昭和電工	昭和四日市石油など6社	三井金属工業	チッソ
原因	有機水銀	亜硫酸ガス	カドミウム	有機水銀
判決	原告勝訴	原告勝訴	原告勝訴	原告勝訴

＜ノート３＞公害対策・環境保全の原則や制度

汚染者負担の原則（PPP）…公害の発生者が公害の防止や除去に必要となる費用を負担するという原則。

無過失責任の原則…公害発生者に過失がなくても損害賠償を負わせるという原則。

総量規制…有害物質の排出の総量を規制すること。一定濃度以上の有害物質の排出を規制する濃度規制よりも効果的な規制。

環境アセスメント（環境影響評価）…新たに開発を行う際に、環境に与える影響を事前に調査や予測すること。1997年に環境影響評価法制定。

＜ノート４＞農業に関するキーワード

① 六次産業化

農林漁業者が生産（第一次産業）だけでなく、加工（第二次産業）や販売（第三次産業）を同時に手掛けること（1×2×3＝6次産業）。

② トレーサビリティ・システム

食品が生産者から消費者までどのような経路で届けられたのかを追跡できるようにするシステム。

③ フードマイレージ

食料の輸送量×輸送距離。生産地から食卓までの距離が近いほど、輸送にかかる燃料や二酸化炭素排出の量が少なくなり、環境への負荷が少なくなる。

④ 地産地消

地域で生産された農林水産物（食用）を地域で消費する取組。

労働問題①（労働三権・労働三法・日本的雇用慣行）

労働者の権利　労働者は使用者との間で**労働契約**を結び、労働力を提供する代わりに賃金をもらう。ただ、現実では両者の関係は対等とは言えず、労働者が不利益を被る場合も少なくないんだ。将来働く時に不利益を被らないためにも、憲法で労働者に保障される**労働三権**や労働者を守る**労働三法**をしっかりおさえていこうね。まずは労働三権から！　といっても政治分野**テーマ24**の復習だよ。

● **団結権**…労働者たちが団結して労働組合（労働者のチーム）を作る権利。

● **団体交渉権**…労働組合が使用者と交渉をする権利。

● **団体行動権（争議権）**…要求実現のためにストライキなどの労働争議を団体で行う権利。

　これらの労働三権はアルバイトなどの非正規社員でも当然保障されているからね。あ、でも、職務の公共性から、全ての公務員は団体行動権（争議権）が認められないし、さらに公務員の中でも警察官や自衛官は三権全てが認められていないよ！！！

労働三法　次の労働三法は、アルバイトを含めて原則全ての労働者に適用されるよ！

● **労働組合法**…要点は3つ！　①使用者による労働組合への妨害行為（**不当労働行為**）を禁止する！　②労働組合が使用者との間で労働条件などの**労働協約**を結ぶことを認める！　（ちなみに個人と使用者が結ぶ労働契約よりも労働協約は優先される）、③労働組合の労働争議（ストライキなど）が正当なものならば、それにより売り上げなどに打撃を与えてしまっても、労働組合は刑罰を負う責任（刑事責任）だけでなく、損害賠償をする責任（民事責任）も免除される！

● **労働関係調整法**…労働争議を**予防・解決**するための法律！　労働組合と使用者の交渉が難航したとき、**労働委員会**が間に入り**斡旋（あっせん）・調停・仲裁**を行う。詳しくは ノート1 で！

● **労働基準法**…労働条件の**最低基準**（数字など）を定める！　詳しい内容は ノート2 で！　この法律に基づいて、**労働基準監督署**が企業を監督してるんだ。そうそう、労働基準法は**変形労働時間制**、**裁量労働制**、**フレックスタイム制**という仕組みも認めているから、その内容を ノート3 で整理してね！

日本的雇用慣行　日本に特有な労働のあり方（**日本的雇用慣行**）の代表例は、①定年まで同じ会社で働く**終身雇用制**、②年齢が上がるにつれて賃金が上昇する**年功序列型賃金**、③企業ごとで労働組合が作られる**企業別労働組合**の3つだ！

　でも、近年は①終身雇用や②年功序列型賃金は見直しがされ始めていて、雇用の流動性が高まっているんだ。多くの企業が**リストラ**による人員削減を行ったり、**年俸制**などの**能力主義・成果主義**的な賃金制度を採用するようになった。そしてそれらと同時に、企業はコスト削減のために**派遣社員**（ ノート4 をチェック）や有期雇用の**契約社員**や**アルバイト**などの**非正規社員**を増やすようになったんだ。

　非正規社員は近年増加傾向にあるけど、正規社員と比べて一般的に賃金が低く雇用が不安定である場合が多い。非正規社員の中には、働いているのに生活保護水準以下の収入しか得られない**ワーキング・プア（働く貧困層）**になってしまうなど、過酷な状況に置かれる人もいる。そんな正規社員と非正規社員の間の不合理な賃金格差を解消するため、**働き方改革**の一環としてパートタイム・有期雇用労働法が改正され、「**同一労働・同一賃金**」の実現が目指されているよ。

〈 ノート１ 〉斡旋・調停・仲裁

① 斡旋 … 労働者と使用者双方の意見を聞き自主解決を促す。

↓

② 調停 … 拘束力のない調停案を提示する。

　こうしたら？

↓

③ 仲裁 … 拘束力のある裁定を下す。　こうしなさい！

〈 ノート２ 〉労働基準法の主な労働条件

法定労働時間	1日8時間、週40時間以内。
休日	少なくても毎週1日の休日、または4週間で4日以上の休日。
賃金	男女同一賃金。 毎月1回以上、全額を一定の期日に通貨で直接本人に支払う。
女性	97年の労働基準法改正により、女子保護規定（女性の深夜・時間外・祝日労働の制限）が撤廃された。 産前6週間、産後8週間の休業の保障。
年少者	15歳未満の労働禁止（例外あり）。 18歳未満の深夜労働の禁止（例外あり）。

〈 ノート３ 〉変形労働時間制・裁量労働制・フレックスタイム制

変形労働時間制 … 業務の繁閑（忙しさ）に応じて、労働者の労働時間を変化させる仕組み。例えば一定期間の週当たり平均労働時間が法定労働時間を超えなければ、1日8時間の法定労働時間を超えて働かせることもできる。

裁量労働制 … 実際の労働時間に関係なく、あらかじめ労使協定で定めた時間を働いたものとみなして、実際の実働時間を労働者の裁量にゆだねる仕組み。

フレックスタイム制 … 企業が定めた就業時間のなかで、労働者が出社・退社の時間を自由に設定できる仕組み。

〈 ノート４ 〉派遣社員とは

派遣社員は、派遣元企業と雇用契約を結び、派遣元企業からの指示で派遣先企業に派遣されて業務を行う。派遣社員は実際に業務を行う派遣先企業との雇用関係が無い。

労働問題②（日本の労働の現状）

労働の現状　このテーマでは、日本の労働の現状を見ていくよ！

●**労働時間**：日本の労働時間が長いっていうのは、みんなも知っての通りだと思う。例えば日本の年間労働時間は、**ドイツやフランス**に比べて年間数百時間も長いんだ。しかも労働時間の統計にもあらわれず残業代も払われない**サービス残業**を強いる**ブラック企業**や**ブラックバイト**も多くて、日本の本当の労働時間は統計上のものよりもっと長いのではないかと言われたりもするね。また、**年次有給休暇**の取得率の低さ（大企業よりも中小企業のほうが低いよ）も、労働時間が他国と比べて長くなっている要因の1つだ。そして長時間労働や心身へのストレスから、**過労死**や**過労自殺**をしてしまう人もいて社会問題となっている。もっと**仕事と生活の調和（ワーク・ライフ・バランス）**が実現される世の中になってほしいと強く思うよ。

そうそう、長時間労働や労働者の負担を軽減するための方法として、ヨーロッパで普及している**ワーク・シェアリング**という取り組みがあるんだ。これは労働者一人当たりの労働時間を短縮して、仕事を分け合い雇用の創出や維持を図（はか）るものなんだけど、／ノート1でイメージをつかんでね。

●**ハラスメント問題**：**セクシャル・ハラスメント（セクハラ）**や、上司が部下に過重なノルマを課したり暴言を浴びせる**パワー・ハラスメント（パワハラ）**、妊娠・出産を理由に不利に扱う**マタニティ・ハラスメント（マタハラ）**が問題となることも多いんだ。

●**労働組合**：労働組合の組織率は高度経済成長期よりも低下していて、近年は20％を下回っているんだ。また、労働争議の件数も減少傾向にあるよ。

●**女性の労働**：女性の労働者のうち、過半数が非正規社員となっている（**2020年**は54.4％、『男女共同参画白書』より）。職場における男女平等を目指す**男女雇用機会均等法**（／ノート2で重要ポイントを確認してね）はあるけど、依然として女性は男性との賃金や待遇の格差が大きい。一定数の管理職を女性に割り当てるなどの**クオータ制（割当制）**を導入するなど、これまで以上に女性が働きやすい職場環境を作っていくことが日本にとっての急務と言えるね。

●**育児・介護休業**：**育児・介護休業法**により、女性だけでなく男性も育児休暇を取得することができるけど、男性の育休取得率が極端に低いんだ（近年は男性の取得率は10％を超えたくらいだけど、女性の取得率は80％を超えている）。

●**障がいを抱える人の労働**：**障害者雇用促進法**により、国や企業は従業員の一定割合以上は障がいを抱える人を雇用することが義務になっているからね。

●**高齢者の労働**：**高年齢者雇用安定法**により、定年年齢が60歳を下回ることが禁じられているし、希望者には65歳まで雇用の確保をすることが企業の義務となっているよ。

●**外国人の労働**：深刻な人手不足を背景として、**出入国管理及び難民認定法**が改正され、外国人の新たな在留資格として「**特定技能**」が創設された。これにより、建設や農業などの特定産業分野で外国人労働者の新たな受け入れが行われるようになったんだ。

●**ICTの活用**：**ICT**の活用により、出社をせず自宅で仕事をする**テレワーク**が普及するなど、時間や場所にとらわれない柔軟な働き方が可能となってきている。

〈 ノート 1 〉 ワーク・シェアリングのイメージ

一人当たりの労働を減らして、足りなくなった労働力を新たな雇用で補う

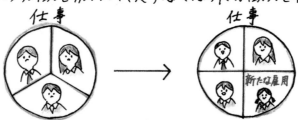

〈 ノート 2 〉 男女雇用機会均等法

● 日本は国際条約のひとつである女子差別撤廃条約を批准（1985年）。

→ 日本はこの批准に先立って、事業主に対して募集・採用・配置・昇進などについて男女平等を求める男女雇用機会均等法を制定。

→ ただし！当初この法律は努力義務（努力はしてね）でしかなかった！

> これでは職場の男女平等が全然進まない！
> ということで、法律が改正されることに！

● 1997年の改正により、男女雇用機会均等法は差別禁止規定に強化され、新たに事業主にセクハラ防止のための配慮義務も課されることになる！

→ また、2016年の改正によりマタハラ防止措置義務も新設される。

〈 ノート 3 〉 様々なハラスメント

セクハラ

パワハラ

マタハラ

仕事増えたんだけど

〈 ノート 4 〉 労働力人口の減少

少子高齢化を背景として、このままだと労働力人口が大幅に減少してしまう…

そのため

① 誰もが働きやすい・働ける環境をこれまで以上に整備する
② AIなどの新技術を活用して将来的に不足する労働力を補う
③ 大胆な少子化対策を行う

などの対応が必要となる。

テーマ56 少子高齢化と社会保障①(少子高齢化・社会保障とは)

少子高齢化の現状 ここではまず、日本の少子化と高齢化の現状を確認していくよ!

●**少子化**:一人の女性が生涯に出産する子どもの数の平均である**合計特殊出生率**は、**2005年**に過去最低の**1.26**となり、**2000年代後半**から日本は人口減少社会に突入したと言われる。そして近年、合計特殊出生率は多少上昇したものの、それでも約**1.36**程度しかないんだ(2019年)。

●**高齢化**:老年人口(65歳以上の人口)の割合が**7%**を超えた社会を**高齢化社会**、**14%**を超えた社会を**高齢社会**、**21%**を超えた社会を**超高齢社会**と呼ぶんだけど、**2021年**の日本の老年人口の割合はなんと約**29%**! 2040年には35%を超えるとも言われているよ。

じゃあ、このまま少子高齢化が進むとどうなるんだろう? 社会保障に注目すると、高齢者の増加で社会保障への支出が増えるのはもちろん、社会保障を支える現役世代が減るから、制度の維持が困難になり得るんだ。では、そもそも社会保障って何? ということをここから学習していくよ。

社会保障とは 社会保障とは、国民の生活の安定や安心を支えるための国の制度で、具体的に日本では①**公的扶助**②**社会福祉**③**公衆衛生**④**社会保険**の4つが導入されているから、順に説明するね(ノート2の世界の社会保障制度の歴史やノート3の社会保障の類型も後で必ず確認してね)。

①公的扶助 公的扶助は、貧困などの理由ですでに生活が困窮している人に対して、国がお金などを全額公費で(税金から)支給する制度のこと。**生活保護**って聞いたことがあるかな? 日本の公的扶助は**生活保護法**に基づいて実施されるよ。公的扶助=生活困窮者を救済するための制度ってイメージしてね。

②社会福祉 社会福祉は、保護が必要な児童や障がいを抱える人、高齢者などの社会的に弱い立場に置かれがちな人々の福祉のために、施設やサービスを提供する制度のこと。

社会福祉に関連して、何かしらのハンデを負っている人であっても、他の人々と同様に普通に生活を送れる社会を目指す**ノーマライゼーション**という考えが、近年は非常に重視されてきているんだ。そしてこの考えに基づいて、駅や建物などでは**バリアフリー**が進められているし、誰にでも使いやすいデザインである**ユニバーサル・デザイン**も普及し始めているね。

③公衆衛生 公衆衛生は、国民の健康維持や生活環境の整備をはかるもので、**保健所**による感染症や食中毒の予防が具体例だね。

④社会保険 社会保険は、事前に**保険料**を支払っておくことで、病気や失業など万が一の場合に国からお金などが給付される保険制度のこと。保険料っていうのは、納税とは別に(多くの場合毎月)支払わなければならないお金のこと。そうそう、上記の①公的扶助は、すでに生活が困窮している人を公費(税金)で「救済する」制度だけど、社会保険は万が一の場合に備えて事前に保険料を支払っておくことで生活が困窮することを「防ぐ」制度だから、混同しないように注意してね。そしたらノート4を見て! 上記の①公的扶助、②社会福祉、③公衆衛生は財源が主に公費で運営されるけど、④社会保険だけは公費だけでなく人々が納めた保険料でも運営されるからね。

そんな社会保険の内容は5種類あるから、詳しいことは次の**テーマ57**で確認していこう!

〈 ノート 1 〉年少人口·生産年齢人口·老年人口の割合の推移

	年少人口 0〜14歳	生産年齢人口 15〜64歳	老年人口 65歳〜
1960年	30.0%	64.2%	5.7%
1990年	18.2%	69.7%	12.1%
2019年	12.1%	59.5%	28.4%

国立社会保障·人口問題研究所『人口統計資料集(2021)』より

〈 ノート 2 〉世界の社会保障制度の歴史

1601年：イギリス で エリザベス救貧法 が制定
　　　　→ 世界初の 公的扶助 !
1880年代：ドイツ で ビスマルク による アメとムチ政策の一環として疾病保険法 が制定
　　　　→ 世界初の 社会保険 !
1935年：アメリカで ニューディール政策の一環として 社会保障法 が制定
　　　　→「社会保障」という言葉が世界で初めて使用される！
1942年：イギリスで ベバリッジ報告 が発表
　　　　→ これを基に「ゆりかごから墓場まで」をスローガンとする 社会保障 が
　　　　　イギリスで整備される！

〈 ノート 3 〉社会保障の類型

代表国：イギリス ·スウェーデン

☆ 北欧型（イギリス北欧型）… 社会保障の財源は 公費（税金）の負担割合が大きい！
☆ 大陸型（ヨーロッパ大陸型）… 社会保障の財源は 保険料 の負担割合が大きい！

代表国：ドイツ·フランス

〈 ノート 4 〉日本の社会保障

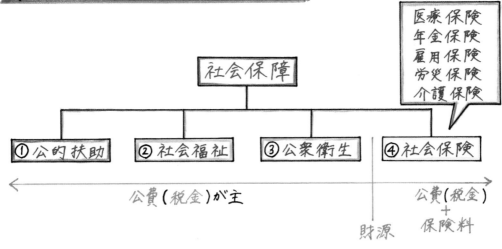

医療保険
年金保険
雇用保険
労災保険
介護保険

社会保障
① 公的扶助　② 社会福祉　③ 公衆衛生　④ 社会保険

公費（税金）が主　　　　　　　　　　公費（税金）＋保険料

財源

少子高齢化と社会保障②（社会保障の内容）

社会保険　直前の**テーマ56**では、社会保障の4本柱の1つとして社会保険があり、社会保険の内容は5種類あるというところまで確認したよね。その5種類とは具体的に、①**医療保険**②**年金保険**③**雇用保険**④**労災保険**⑤**介護保険**だから、ここではそれらを確認していくよ！

医療保険　医療保険とは、病気や怪我を負ってしまった時に、国がその治療にかかる費用の一部を、人々が納めた保険料や租税から給付する制度のこと。みんな保険証は持ってるよね？　まさにそれ！　多くの場合、国が治療費の7割を負担してくれる＝治療を受けた本人の病院での支払い（負担）は3割となってるよね。ちなみに、**1961年**から全ての国民は何らかの医療保険に加入する**国民皆保険**が実現してるよ。そうそう、高齢化を背景として、2008年には**75歳以上**の人を対象とした医療保険として**後期高齢者医療制度**が導入されたからね。

年金保険　年金保険とは、働ける現役世代の時に保険料を納め、老後に給付金を受け取る制度のこと（※年金は細かくは老齢年金・障害者年金・遺族年金があるんだけど、ここでは老齢年金を説明するね）。**1961年**から全ての国民が年金に加入する**国民皆年金**が実現したんだけど、現在、全ての国民は**20歳**を超えたら**国民年金**（基礎年金）に加入することが**義務**なんだ（学生や専業主婦・主夫であっても義務！）。そして公務員や民間企業で働くサラリーマンは、国民年金に加えて**厚生年金**にも加入しなければならないよ（二階建て年金）。言葉ではイメージしにくいと思うから　ノート1　を確認してね！

　年金財源の調達方法（ざっくり言うと年金の運営方法）には**積立方式**と**賦課方式**があるんだけど、この2つの特徴は超重要だ。　ノート2　を見ながら確認するよ！　積立方式とは、働ける時に保険料を納めてお金を積み立てておいて、老後にそのお金を自分で受け取る方式。これに対して賦課方式とは、現在の現役世代が納めた保険料を現在の高齢者（受給世代）に給付する方式。昔の日本は積立方式だったけど、現在は賦課方式を中心に年金が運用されているんだ。ということは……そう！　少子高齢化が進めば保険料を納める現役世代が減るけど高齢者（受給世代）は増える、つまり将来、賦課方式を続けていくと保険料の負担が重くなるのに給付は少なくならざるを得ないんだ！　ここから「将来、年金は大丈夫なの？」なんて言われるんだよね。

雇用保険　雇用保険は、労働者が**失業**をした時に一定期間は失業給付（お金）や雇用事業サービスを受けることができる制度。ちなみに育休取得者への毎月の支給もここからだよ。

労災保険　労災保険（労働者災害補償保険）は、**仕事中**（通勤中含む）に病気や怪我をした時に給付が受けられる制度。この保険の保険料は労働者は払わず、事業主が全額負担するよ。

介護保険　介護保険は、高齢化を背景に**2000年**に施行された制度で、要介護と認定された人は在宅介護サービスや特別養護老人ホームなどの利用が1〜3割の自己負担で済むようになったんだ。この保険の保険料の支払いは**40歳**からで、運営は市町村や特別区（東京23区）だからね。

〈ノート1〉国民年金と厚生年金

20歳以上全員加入

| 厚生年金 | 民間サラリーマンや公務員はこちらも加入 |

＋

国民年金

| 自営業・学生など
（第1号被保険者） | 民間サラリーマンや公務員など
（第2号被保険者） | 専業主婦など
（第3号被保険者） |

〈ノート2〉積立方式と賦課方式

| 積立方式 | 賦課方式 |

現在　　　　　　　　将来　　　　　　現在　　　　　　現在

保険料　積み立て　年金給付　　　保険料　年金給付

花子　　　　　　　　花子　　　　　　花子　　　　　　太郎

弱点…物価の上昇に対応しにくい　　弱点…少子高齢化に対応しにくい

〈ノート3〉ベーシックインカム（＋αの知識）

資産や就労の有無に関係なく、すべての人に対して生活に必要な最低限のお金を無条件に毎月提供するベーシックインカムが近年注目されている。

賛成意見	反対意見
・生活の不安が無くなる。 ・年金制度や生活保護制度の代わりとなりうるため、社会保障制度を簡素化できる。 　　　　　　　　など	・支給の財源を確保するために、増税が必要になるのでは？ ・人々の労働意欲が減るのでは？　　　など

第4章　経済分野

127

Eureka!

ラストの「Eureka!」は、経済分野や国際分野に関わる問いだよ。最後まで悩みに悩んでみてね！

⑳「あなただったら、年功序列型賃金の企業と能力主義的な賃金の企業のどちらに勤めたい？」

関連テーマ：経済分野・テーマ54　➡120ページ

あえて極端に言うと、「年齢が上がれば地位や賃金が自動的に上がるけど、能力はあまり評価されない企業」と「年齢に関係なく能力が高いと地位や賃金が高くなるけど、能力が下がると地位や賃金も下がる企業」だったらどっちで働きたい？　そしてなぜ？

㉑「日本の少子化の原因には何が考えられる？　また、少子化対策としてどのような取り組みが必要？」

関連テーマ：経済分野・テーマ56　➡124ページ

日本の少子化は非常に深刻だけど、その原因は何だろう。色々あると思うから考えてみて！　また、少子化対策としてどのような取り組みが必要だろう？

㉒「あなただったら、社会保障が【低負担・低福祉】の国と【高負担・高福祉】の国のどちらに住みたい？」

関連テーマ：経済分野・テーマ56・57　➡124・126ページ

「税金や社会保険料の負担は軽いけど社会保障など国のサービスがあまり充実していない国」と「税金や社会保険料の負担は重いけど社会保障などの国のサービスがとても充実している国」どちらに住みたい？　そしてなぜ？

㉓「日本でベーシックインカムを導入すべき？」

関連テーマ：経済分野・テーマ57　➡126ページ

意見が分かれる問いだ。テーマ57にベーシックインカムの説明や賛成派と反対派それぞれの代表的な意見が展開されているから、それらを参考にしながら16ページのルールに則りあなたの主張を展開してね。

㉔「日本は【核兵器禁止条約】に参加すべき？」

関連テーマ：国際分野・テーマ61　➡136ページ

意見が分かれる問いだ。この問いは16ページのルールに則り、核兵器禁止条約とはどのようなものか調べた上で、日本が参加することのメリット・デメリットをそれぞれ考えあなたの主張を展開してね。

㉕「ＳＤＧｓの17の目標を達成していくために、私たちができる取り組みとしてどのようなものがある？」

関連テーマ：国際分野・テーマ68　➡150ページ

「Think Globally, Act Locally」という発想が大切。私たち一人ひとりができることは何だろう？

㉖「日本は原子力発電を推進すべき？　それとも推進すべきでない（もしくは廃止すべき）？」

関連テーマ：国際分野・テーマ70　➡154ページ

意見が分かれる問いだ。この問いは16ページのルールに則り、原子力発電のメリット・デメリットをそれぞれ考えた上であなたの主張を展開してね。

㉗「共有地の悲劇を回避するにはどうしたらよいだろう？」

関連テーマ：国際分野・テーマ70　➡154ページ

現実でも共有地の悲劇は起きうる問題だ。私たちはどうすれば共有地の悲劇を回避できるだろう（共有地の悲劇の説明はテーマ70にあるよ）？

第5章 国際分野

テーマ 58 国家／国際法／勢力均衡と集団安全保障

国家　世界には国際連合の加盟国だけで190を超える国家があり、それぞれが他国の支配に従うことなく独立した**主権国家**として存在している。そのような主権国家により構成される国際社会は、**1648年**に結ばれた**ウェストファリア条約**を契機に誕生したとされるんだ。

国家の**主権**が及ぶ範囲を**領域**と呼び、領域は**領土・領空・領海**によって構成される。　**ノート1**で領域のイメージをつかんでね！　そのような領域をめぐる国家間の争い＝**領土問題**が国際社会ではいくつもあるんだけど、代表的なものとしては**カシミール地方**の帰属をめぐる**インドとパキスタンの対立**や、南シナ海の**スプラトリー諸島**(南沙諸島)の帰属をめぐる**中国**やフィリピン、ベトナムなどいくつかの国家の対立があるんだ。**日本**でも、**ロシア**との間で**北方領土問題**が未解決だし、**韓国**とは**竹島**の領有をめぐって対立があり、**中国**が**尖閣諸島**の領有を主張しているという例があるよね(なお、日本政府は尖閣諸島をめぐって解決しなければならない領有権の問題はそもそも存在しないとしているよ)。

国際法　国際社会には、国家が守らなければならないルールとして、国家と国家の関係を規律する**国際法**が存在している。ちなみに国際法の基礎を確立したのは、**国際法の父**とも呼ばれる**グロチウス**(主著『**戦争と平和の法**』)という人物だ。そして国際法の分類には、国家間の暗黙の合意である**国際慣習法**(慣習国際法)と、文書化された**条約**があるから、**ノート2**を確認してね！　そうそう、条約は批准する国(同意する国)だけを拘束するものだから、ある条約が作られたからといって無条件に全ての国々がその条約に拘束されるというわけではないよ。

そんな国際法に基づいて**国家間の争い**を平和的に解決するための代表的な機関として**国際司法裁判所**(**ICJ**)がある。これが超大切！　国際司法裁判所は、国家と国家の争いを解決するための機関だから個人を裁くことができず、争っている当事国が同意しないと裁判を開始できない(勝手に裁判をすることができない)っていう点が重要ポイントだよ！

「え、じゃあ悪いことをした個人を裁くための国際的な裁判所はないの？」って思った人は鋭いね。もちろん、個人を裁くための国際的な裁判所があって、それが**国際刑事裁判所**(**ICC**)だ。国際刑事裁判所は、戦争犯罪や人道に対する罪などを行った個人を裁く常設の国際的な裁判所だよ。

国家安全保障　ここからは戦争の勃発を未然に防ぐための方法について見ていこう！

第一次世界大戦前の国際社会では、対立する陣営の軍事力を均衡させることで戦争の勃発を防ごうとする**勢力均衡**が採られていたんだ。　**ノート3**でイメージをつかんでね。でも、この方法だとお互いの不信感から軍拡競争が起きるし、バランスが崩れたら大戦争が勃発してしまう可能性があった。実際、第一次世界大戦は勢力均衡の結果勃発した側面があるね。

その反省から、第一次世界大戦後には**集団安全保障**という体制が採られるようになるんだ。こちらも**ノート3**でイメージをつかんでほしいんだけど、集団安全保障は対立する国家も含めて1つの大きなチーム(国際機構)を作り、その中で武力行使の禁止を約束する。そしてその約束を破って侵略を行う国家が現れた場合、その国に対して全加盟国が集団で制裁を加える体制だ。**国際連盟**や**国際連合**は集団安全保障を採用する国際機関だよ。

〈ノート1〉 領域（領土・領空・領海）

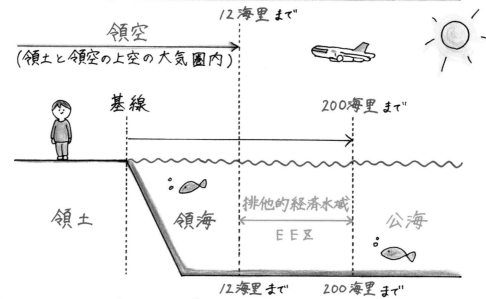

〈ノート2〉 国際法

国際慣習法…
> 国際社会で慣習的に認められてきた不文国際法
> 例：公海自由の原則（※現在では条約化）など

国際法

条約…
> 批准する国家を法的に拘束する成文国際法
> 例：子どもの権利条約、難民の地位に関する条約 など

〈ノート3〉 勢力均衡と集団安全保障

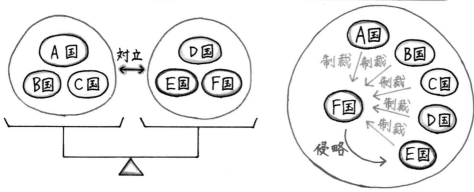

テーマ 59 国際連盟／国際連合

国際連盟　第一次世界大戦後、アメリカの**ウィルソン大統領**が提唱した**平和原則十四か条**に基づいて、**集団安全保障**を採用した国際平和機構として**国際連盟**が創設されたんだ。でも、結論から言うと国際連盟は第二次世界大戦の勃発を阻止できず、失敗に終わるよ。ではなぜ失敗したのか？　その理由は ノート1 にまとめてあるから確認してね！　そして第二次世界大戦後、国際連盟の失敗を教訓として新たに**国際連合**が創設されたんだ。

国際連合　 ノート2 を見て！　国際連合には**総会、安全保障理事会、経済社会理事会、信託統治理事会、国際司法裁判所、事務局**という主要6機関があるから、順に説明するね。

●**総会**：国連の全ての加盟国で構成される、さまざまな議題について話し合いが行われる機関だ。表決は**1国1票の多数決制**で行われ、どの国も拒否権は行使できないからね。ちなみに加盟国の除名などの重要事項は**3分の2以上**の賛成で成立、重要事項以外は**過半数**の賛成で成立するけど、それらの決議は**勧告**にとどまる（法的拘束力はない）んだ。

●**安全保障理事会（安保理）**：**5か国**の**常任理事国**（米・英・ロ・中・仏。固定メンバー）と、**10か国**の**非常任理事国**（任期2年、入れ替えあり）の**合計15か国**で構成される、国際の平和と安全の維持に主要な責任を負う機関だね。安保理は、侵略や平和を破壊する行為を行った国に対して軍事制裁や経済制裁などの強制措置を取るんだけど、そのような事項（実質事項）の議決には5常任理事国全てを含む9理事国の賛成が必要になる。つまり、5大国の1か国でも**拒否権**を行使すると、重要な事柄の議決ができないんだ。そのため、安保理は拒否権の行使によりたびたび機能不全に陥ってしまうんだけど、じゃあ、そんな時はどうするのか？　答えは、**1950年**に採択された**「平和のための結集」決議**に基づき、**総会**が緊急特別総会を招集して、安全保障理事会の代わりに加盟国に対して必要な強制措置の勧告などを行うんだ！　この点はぜひおさえてね！

●**経済社会理事会**：経済や社会、文化など幅広い分野に関して、さまざまな**専門機関**や**非政府組織（NGO）**と連携して活動をする機関だよ。専門機関の例としては**国際労働機関（ILO）、世界保健機関（WHO）、国連教育科学文化機関（UNESCO）**などが有名だね。

●**信託統治理事会**：自立困難な地域（信託統治委地域）の自治独立の促進を目的としている機関だけど、信託統治地域がなくなったため現在は活動を停止しているんだ！

●**国際司法裁判所（ICJ）**：国家と国家の争いを解決するよ。直前の**テーマ58**を復習だ！

●**事務局**：国連の運営を統括するところ。ここのトップが**国連事務総長**だね。

国連軍とPKO　国際連合憲章は、軍事的強制措置（武力による制裁）を行うために**国連軍**を組織することを認めている。でも実は、国連憲章に基づく正式な国連軍はこれまで一度も組織されたことがないんだ！　一方で、国際連合憲章に規定はないんだけど、国際の平和と安全を維持するために国連によって**PKO（平和維持活動）**が幾度も行われているんだ。その主な活動内容は ノート3 を確認してね！　ちなみに、冷戦崩壊後に世界各地で紛争が頻発するようになったことを背景として、PKOの派遣数が急増したからね！

〈ノート1〉国際連盟の主な失敗理由

① 大国の不参加 … アメリカは当初から不参加。また日本・ドイツ・イタリアは脱退しソ連は除名された。

② 全会一致制 … 総会や理事会の決定に全会一致制を採用したため決議の成立が困難であった。

③ 軍事制裁× … 制裁手段が経済制裁に限られ、軍事制裁が行えなかった。

〈ノート2〉国際連合の主要機関

安全保障理事会
国際の平和や安全に主要な責任を負う。構成国は15か国で5常任理事国に拒否権あり。

経済社会理事会
経済・社会・文化などの分野に関して様々な専門機関やNGOと連携。

総会
国連の全加盟国で構成。様々な議題について話し合いが行われる。表決は1国1票の多数決制で、拒否権を持つ国はない。

事務局
国連の運営を統括。トップが事務総長。

信託統治理事会
自立困難な地域の自治独立の促進を目的とする。現在活動停止。

国際司法裁判所
国家と国家の争いを解決。争っている当時国が同意しないと裁判を開始できない。

〈ノート3〉PKO（平和維持活動）の代表例

PKO
- → PKF（平和維持軍）…紛争の拡大を防ぐ。軽武装。
- → 停戦監視団… 停戦を監視する。
- → 選挙監視団…紛争後の選挙を監視する。

テーマ 60 冷戦

冷戦とは　第二次世界大戦終結期から**1980年代末**にかけて、**アメリカ**を中心とする**西側陣営**と**ソ連**を中心とする**東側陣営**が対立する冷戦という時代が訪れた。この時代は、米ソの**代理戦争**として朝鮮戦争やベトナム戦争は起こったものの、米ソが直接武力衝突(Hot War)をすることがなかったことから、冷戦(Cold War)と呼ばれるんだ。では冷戦期の主な出来事を見ていこうか！

冷戦形成期　**1946年**に**イギリス**の**チャーチル首相**が行った**鉄のカーテン演説**により、東西間での対立が顕在化し、その後東西の間で「政治」「経済」「軍事」の対立軸が次々と構築されていったんだ。🖊**ノート2**でこの時期に形成された東西陣営の対立軸を必ずおさえてね！

デタント期(雪どけ期)　みんなも友だちとケンカした後に緊張関係が緩和した経験ない？ 上記のようにバチバチの関係が作られはしたけど、その後**1955年**に**ジュネーブ四巨頭会談**(米・英・仏・ソの首脳会談)が行われ冷戦下で初めて米ソが交渉のテーブルに着いたり、**1956年**に**ソ連**の指導者**フルシチョフ**がスターリン批判を行って西側諸国との**平和共存政策**を推進する動きなどもあり、少しずつではあるけど歩み寄りが見え始めたんだ。そして**1962年**には**ソ連**が**キューバ**にミサイル基地を建設したことで核戦争一歩手前まで緊張が高まった(**キューバ危機**)けど、最終的に米ソの交渉でこの危機を回避し、これをきっかけに緊張緩和(デタント)が大きく進んでいくことになるよ。

●二極から多極へ

そうそう、冷戦が進む中で、米ソ(東西)の二極にとらわれずに独自の動きをする国も現れ始めるんだ(**多極化**)。例えば、西側陣営では1966年に**フランス**がNATOの軍事機構から脱退したり、東側陣営ではフルシチョフのスターリン批判以降に**中国**と**ソ連**の間で**対立**が深刻化したりもした。他にも、東西どちらの陣営にも属さず**非同盟主義**を掲げる**アジア・アフリカ**の諸国が**第三世界**として台頭したんだ。**1955年**には**インドネシア**のバンドンで**アジア・アフリカ会議**(バンドン会議)が開催されたり、**1961年**に**非同盟諸国首脳会議**が開かれたりもしたよ。

新冷戦　緊張緩和が進んでいい感じ！　と思いきや、米ソ間の関係がまた悪化する**新冷戦**と呼ばれる時期が次に来る。きっかけは**1979年**の**ソ連のアフガニスタン**への**軍事侵攻**だよ。

冷戦終結期　そんな状況を一変させたのが、**1985年**に**ソ連**の新たな指導者に就任した**ゴルバチョフ**だ。彼は「**対立から協調へ**」をスローガンに**新思考外交**を展開し、国内では**ペレストロイカ**と呼ばれる改革を進めた。そして彼の就任以降、米ソの対立関係が急速にゆるんでいく中、**1989年**にはそれまで**ソ連**の影響を強く受けていた東欧諸国で民主化革命が起きたり(**東欧革命**)、東西冷戦の象徴であった**ベルリンの壁**が崩壊するなど、大きな出来事がいくつも起きた。そして1989年の12月、ついに地中海のマルタ島で米ソ首脳による冷戦終結宣言がなされたんだ(**マルタ会談**)。その後**1990年**には、東西に分かれていた**ドイツ**も統一され、**1991年**には東側のボスだった**ソ連**が解体されたよ。

　冷戦も終わり世界は平和に！　とは残念ながらならなかった……冷戦の終結後、世界各地でそれまで潜在化していた民族や宗教などの対立が顕在化し、紛争が多発するようになった。また、**2001年**の**アメリカ同時多発テロ**のようにテロ組織との戦いも大きな国際的課題となったんだ。

〈ノート1〉冷戦のおおまかな流れ

冷戦形成期	→	デタント期	⇒	新冷戦	⇒	冷戦終結期
米 vs ソ		→← …米 ソ…		#←米 三 三ソ→#		米 ソ

〈ノート2〉東西陣営の対立軸

西側陣営	⇔	東側陣営
トルーマン・ドクトリン トルーマン米国大統領が発表した社会主義封じ込め政策（1947年）	政治的対立	コミンフォルム ソ連を中心とした各国の共産党の連携強化（1947年）
マーシャル・プラン 米国による西欧諸国への経済支援（1947年）	経済的対立	コメコン（経済援助相互会議） ソ連と東欧諸国の経済協力（1949年）
NATO（北大西洋条約機構） 米国を中心とする西側の軍事同盟（1949年）	軍事的対立	WTO（ワルシャワ条約機構） ソ連を中心とする東側の軍事同盟（1955年）

〈ノート3〉冷戦終結期の出来事

1985年：ゴルバチョフ登場　対立から協調へ
↓
1989年：
- ① 東欧革命（ポーランドやハンガリーなどで民主化革命）
- ② 冷戦の象徴であるベルリンの壁崩壊
- ③ 冷戦終結宣言（マルタ会談）

↓
1990年：東西ドイツ統一
↓
1991年：ソ連解体

テーマ 61 軍縮

核兵器　「核兵器のない世界」は、人類の悲願だ。でも、世界には依然として大量の核兵器が存在している。**アメリカとソ連**は冷戦下で核兵器開発を競い合い、結果として両国は人類を全滅させることができるほどの能力を持ってしまった。他にも、**イギリスや中国**をはじめとしていくつかの国も核兵器開発を進めてしまったけど、このような動きの背景には、攻撃をされたら核兵器で報復するぞ！という姿勢を示すことで他国からの攻撃を防ぐという**核抑止論**があったんだ。でも一方で、世界には核軍縮を進めていこうという動きも確かにある。以下でそれらの動きを見ていくよ！

多国間の核軍縮条約　多国間で結ばれた核軍縮条約として、みんなには 4 つの条約をおさえてもらうよ！　まず①**1963 年**に大気圏内・宇宙空間・水中の核実験を禁止する**部分的核実験禁止条約（PTBT）**が結ばれたんだ。ただし！　この条約は**地下**での核実験を禁止しなかったから、実効性があまりなかったんだよね。

次に②**1968 年**には米・英・ソ・仏・中の 5 か国を「核兵器国」と定め、それ以外の国が核兵器を保有することを禁止する**核拡散防止条約（NPT）**が調印されたんだ。ちなみに、この条約に加盟する**非核保有国**は**国際原子力機関（IAEA）**による核査察（チェック）を受ける義務を負うからね。

そして③**1996 年**には前述の PTBT が地下核実験を禁止しなかった反省から、地下核実験を含めた爆発を伴う全ての核実験を禁止する条約として**包括的核実験禁止条約（CTBT）**が結ばれたんだ。ただし！　こちらも問題があって、**アメリカや中国**などの核保有国が批准をしていないため、まだ発効していないよ。

そして最後に④**2017 年**に核兵器の開発、実験、保有、使用、威嚇などを禁止する**核兵器禁止条約**が国連で採択されたんだ。この条約は **2021 年**に発効されたんだけど、**アメリカの核の傘の下にある**（アメリカの核に守ってもらっている）**日本**はこの条約に参加していないんだ。

米ソ（ロ）二国での核軍縮　上記の多国間条約とは別に、**アメリカとソ連（ロシア）**の二国間で進められた核軍縮もあるんだ。まず、冷戦中の **1970 年代**、**戦略兵器制限交渉（SALT）**が進められた。これにより両国が持ってもよい戦略兵器の数の**上限**が決められた（数に制限がかけられた）よ！　でも冷戦の終了を契機として流れが変わって、**1990 年代**以降、**戦略兵器削減条約（START）**が調印されたんだ。こちらは制限ではなく両国が持つ戦略兵器の数の**削減**を決めるものだからね！　「塩（SALT）は制限！　始める（START）のは削減！」でおさえよう！

核廃絶を目指して　核兵器廃絶を求める動きは、他にもたくさんある。例えば、アメリカが行った水爆実験によって**日本の漁船が被爆し船員が死亡した第五福竜丸事件**をきっかけに、**1955 年**に広島で第一回**原水爆禁止世界大会**が開催されたんだ。また、**1957 年**以降は世界の科学者が集まって核廃絶への低減を行う**パグウォッシュ会議**が開催されているよ。

核兵器以外の軍縮　核兵器以外にも、一般市民が犠牲になりやすい兵器を禁止する条約が世界にはあるんだ。代表例としては**対人地雷禁止条約やクラスター爆弾禁止条約**があり、これらは**NGO（非政府組織）**の活躍により採択されるに至ったんだ。

〈ノート 1〉安全保障のジレンマ

- 軍縮がなかなか進まない理由の一つに、「安全保障のジレンマ」がある。
- 例えば、A国とB国が①〜③の条件下で、以下の表の関係になっていたとしよう。

① 2国は「軍拡」or「軍縮」の<u>どちらか一回のみ同時に選択する</u>。
② 2国は<u>自国の点数の最大化に最大の関心を持つ</u>。
③ 2国は<u>相談をできず</u>、相手がどちらを選択するか<u>事前には分からない</u>。

		B国	
		軍拡	軍縮
A国	軍拡	A国に2点 B国に2点	A国に5点 B国に1点
	軍縮	A国に1点 B国に5点	A国に4点 B国に4点

Q：上記の条件で、2国はそれぞれ「軍拡」「軍縮」の

どちらを選択するだろうか？

↓

A：2国とも「軍拡」を選択する

なんで？：「え!? 2国とも「軍縮」を選べば点数の合計が最も大きくなるのに！（A国4点＋B国4点＝合計8点）」と思うかもしれない。でも、それぞれの国の立場に立つと、「軍縮」を選ばない理由が明らかになる。

例えばA国の立場に立つと…

> A国が「軍拡」を選択 → A国は2点or5点を獲得
> A国が「軍縮」を選択 → A国は1点or4点を獲得

つまり、A国は「軍拡」（2点or5点）を選ぶ方が、「軍縮」（1点、or4点）を選ぶよりも点数が大きくなることが期待できる！

　さらに！A国にとって最悪のパターンは、<u>自国が「軍縮」を選んで相手が「軍拡」を選ぶ場合だ</u>（A国1点、B国5点）。これを回避することもA国にとっては重要であり、やはりA国は「軍縮」を選択しない。

　この状況はA国とB国を入れ替えても同様であり、結果として2国とも「軍拡」を選択することになる。

テーマ 62 紛争

紛争の発生　第二次世界大戦後の国際社会ではたくさんの紛争が発生し、多くの血や涙が流されてきた。個々の紛争の原因は人種・宗教・領土など多岐にわたるけど、その多くの背後には**エスノセントリズム（自民族中心主義／自文化中心主義）**が存在しているんだ。だから、紛争を防いだり解決していくためには、まずはお互いの文化や宗教・生活様式を尊重し合っていく**マルチカルチュラリズム（多文化主義）**が重要になるのを忘れないでほしい。

代表的な地域紛争　では、第二次世界大戦後に発生したいくつかの紛争を見ていこう！

●**ボスニア・ヘルツェゴビナ紛争**：いくつもの民族・言語・宗教を内部に持つ多民族国家の**ユーゴスラビア**は、冷戦崩壊後に国家が解体して世界地図から消えてしまった。その解体の過程で多くの血が流れた。例えばユーゴスラビアを構成していた共和国の1つである**ボスニア・ヘルツェゴビナ**内では、反目し合うセルビア人・クロアチア人・ムスリムの間で**民族浄化（エスニック・クレンジング）**と呼ばれる民族間での殺戮が発生したんだ。

●**コソボ紛争**：ユーゴスラビアを構成していた共和国の1つである**セルビア共和国**内にある**コソボ自治州**では、セルビア共和国からの独立を求めるアルバニア系住民に対してそれを認めないセルビア政府が激しい弾圧を行ったんだ。そんな中、**1999年に北大西洋条約機構（NATO）**が「人道的介入」という理由でセルビア側への空爆を行い、紛争は沈静化した。なお、**2008年**にはコソボがセルビア共和国からの独立を宣言したよ。

●**クリミア問題**：2014年にロシアがウクライナ南部の**クリミア**を、ウクライナの同意なしに自国に併合する宣言をしたんだ。日本や欧米諸国はこの併合を認めていないよ。

●**パレスチナ問題**：長い間差別や迫害を受けてきた**ユダヤ人**は、第二次世界大戦後の**1948年**に国家**イスラエル**を中東の**パレスチナ**という地域に建国したんだ。でも、この建国に対してそれ以前からパレスチナに住んでいた**アラブ人（パレスチナ人）**は反発し、その後イスラエルとの間で幾度にもわたる武力衝突（**中東戦争**）が発生してしまった。そしてその過程でイスラエルは領地を拡大するとともに、多くのパレスチナ難民が発生したよ。

●**アラブの春とシリア内戦**：2010年末から2011年にかけて中東・北アフリカのアラブ諸国（チュニジア・エジプト・リビアなど）で民主化運動が連鎖して発生し、独裁政権が次々に打破されていった（**アラブの春**）。これを機にシリアでも民主化運動が起きたんだけど、政府軍と反政府勢力の間で激しい内戦に発展し、大量の難民が発生してしまったんだ。

●**ルワンダ紛争**：アフリカの**ルワンダ**で少数派のツチ族と多数派のフツ族の対立が発生し、**1994年**にはフツ族によるツチ族の大量虐殺が起きてしまったんだ。

●**スーダン内戦**：イスラム教徒が多い北部と、非イスラム教徒が多い南部の内戦の結果、**2011年**に住民投票を経て南部が**南スーダン共和国**として独立したんだ。また、西部の**ダルフール地域**でも、政府勢力と反政府勢力の対立が発生した（**ダルフール紛争**）。

難民　紛争の発生により、国外に逃れる難民が数多く発生してしまう。難民問題には**UNHCR（国連難民高等弁務官事務所）**が積極的な取り組みを行っているよ。

〈ノート１〉地図上の位置

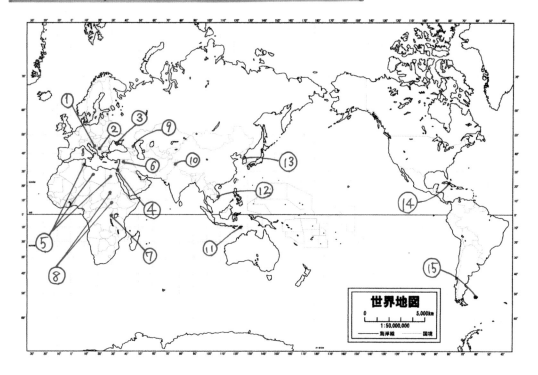

番号	名前	対立軸や内容など
①	ボスニア・ヘルツェゴビナ紛争	セルビア人 vs クロアチア人 vs ムスリム
②	コソボ紛争	セルビア政府 vs アルバニア系住民
③	クリミア問題	ロシア vs ウクライナ
④	パレスチナ問題	イスラエル vs アラブ諸国
⑤	アラブの春	チュニジア・エジプト・リビアでの民主化運動
⑥	シリア内戦	政府軍 vs 反政府勢力
⑦	ルワンダ紛争	ツチ族 vs フツ族
⑧	スーダン内戦	北部 vs 南部 (ダルフール紛争：政府勢力vs反政府勢力)
⑨	チェチェン紛争	ロシア vs ロシアからの独立を求めるチェチェン共和国
⑩	カシミール紛争	インド vs パキスタン (カシミール地方をめぐる紛争)
⑪	東ティモール紛争	インドネシアからの独立をめぐる紛争
⑫	ベトナム戦争	北ベトナム vs 南ベトナム
⑬	朝鮮戦争	韓国 vs 北朝鮮
⑭	キューバ危機	ソ連がキューバにミサイル基地建設し米国との緊張高まる
⑮	フォークランド紛争	イギリス vs アルゼンチン

自由貿易と保護貿易

テーマ 63

国際分業　ここからは国際経済を学習するよ！　世界にある国々は技術力や資源、気候などさまざまな面で違いがあるよね。だから当然、国によって生産が得意な財や苦手な財が異なるから、国際社会では各国は不足する財を貿易で補い合う生産活動の分業（**国際分業**）が成立しているんだ。例えば工業製品と資源の貿易（**垂直的分業**）が先進国と途上国の間で行われていたり、工業製品の貿易（**水平的分業**）が先進国の間で行われているよね（✎ノート1）。そんな貿易に関して、**自由貿易**と**保護貿易**という立場があるからそれらを確認していくよ！

自由貿易　自由貿易を主張した代表的な人物としては、**イギリスの経済学者リカード**がいる（主著『経済学及び課税の原理』）。彼は**比較生産費説**という考えを唱え、国際分業の利益や自由貿易の重要性を説いたんだけど、この比較生産費説ってのが重要だから説明するね！

比較生産費説とは、各国が相対的に生産費用の安い財（**比較優位にある財**）に生産を特化して貿易し合うほうが、双方にとって利益がある！　という考えだ。✎ノート2を見ながら確認していくよ。✎ノート2の表では、特化前はA国とB国はともにトマトとバナナを1単位ずつ、両国合計で2単位生産している。そして、A国はB国よりも両方の財を少ない労働量で生産することができて、このような状況を**絶対優位**と呼ぶ。比較生産費説のポイントは、「たとえ片方の国が絶対優位にあっても、各国が相対的に生産費用の安い財に生産を特化すれば双方利益となる！」という点だから、それが本当か確認してみようか。

それぞれの国内に注目すると、A国はトマト1単位を8人で生産できるから、バナナ1単位を生産（1単位を9人）するより少ない人数（労働量）で生産ができるよね。これに対してB国はバナナ1単位を10人で生産できるから、トマト1単位を生産（1単位を12人）するより少ない人数（労働量）で生産ができる。A国はトマト、B国はバナナに比較優位があるんだ！　じゃあA国とB国がそれぞれ比較優位にある財の生産に特化した時の生産量はどうなるだろう。A国がトマトの生産に特化（A国の合計17人で生産）すると、A国はトマト1単位を8人で生産できるから、トマトを2.125単位（17 ÷ 8 = 2.125）生産することができる。B国がバナナの生産に特化（B国の合計22人で生産）すると、B国はバナナ1単位を10人で生産できるから、バナナを2.2単位（22 ÷ 10 = 2.2）生産できる。特化前はトマトとバナナの生産が両国合計でそれぞれ2単位だったけど、特化後はトマト2.125単位、バナナ2.2単位となり、両財の生産量が増えたよね！　あとはお互い不足する財を貿易して補い合えば、最終的に双方に利益がある！

保護貿易　保護貿易を主張した代表的な人物としては、**ドイツの経済学者リスト**がいる。保護貿易の方法は、**関税**（輸入品に課される税）や**非関税障壁**（輸入数量の規制など）によって輸入に制限をかけるんだけど、そもそもなんで「輸入を制限したほうがよい！」って主張がされると思う？　理由は簡単。自由貿易を無制限に進めてしまうと、自国の中で未熟な産業（**幼稚産業**）が他国からの輸入によって駆逐されてしまうかもしれないからなんだ。だから輸入を制限してそのような産業を保護・育成する必要があるってこと。もちろん、行き過ぎた保護貿易は国際分業の利益を損ない、世界経済の発展を阻害する恐れがあるけどね。

〈ノート1〉垂直的分業・水平的分業

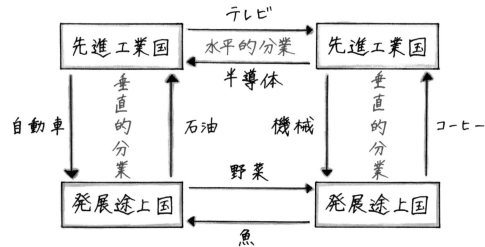

〈ノート2〉比較生産費説

〈特化前〉

	トマト1単位の生産に必要となる労働力	バナナ1単位の生産に必要となる労働力
A国	8人	9人
B国	12人	10人
生産量	A国：トマト1単位 B国：トマト1単位 2国合計：トマト2単位	A国：バナナ1単位 B国：バナナ1単位 2国合計：バナナ2単位

- A国には17人の労働者がいて、8人でトマトを、9人でバナナをそれぞれ1単位生産する。
- B国には22人の労働者がいて、12人でトマトを、10人でバナナをそれぞれ1単位生産する。
- 2国合計のトマトの生産量は2単位、バナナの生産量は2単位。

↓ 特化！

〈特化後〉

	トマト	バナナ
A国	17人で生産	0人
B国	0人	22人で生産
生産量	A国：トマト 2.125単位 B国：トマト 0単位 2国合計：トマト 2.125単位	A国：バナナ 0単位 B国：バナナ 2.2単位 2国合計：バナナ 2.2単位

- A国が17人でトマトを生産すると、2.125単位のトマトを生産。
- B国が22人でバナナを生産すると、2.2単位のバナナを生産。
- 2国合計の生産量が、トマト2→2.125単位、バナナ2→2.2単位と増加する。

外国為替と国際収支

テーマ 64

円高・円安　では、いきなりですが問題！　**為替レート（外国為替相場）**が1ドル＝100円から1ドル＝50円になったら、円高でしょうか円安でしょうか？　……答えは円高！　なぜなら、1ドルが100円→50円になったということは、より少ない円でドルと交換できるようになった＝円の価値が上がったからなんだ！　ざっくり言うと、100円なければ1ドルと交換できなかったのが、円の価値が上がったことで、たった50円あれば1ドルと交換できるようになったってこと。1ドル＝100円→200円となったら当然円安！　暗記ではなく理解が大切なところだよ。

何が円高・円安をもたらすか（要因）　じゃあ、そもそも**なぜ為替レートは円高や円安に変動するのだろう？**　現在は**変動為替相場制**が採用されていて、主要通貨の為替レートは外国為替市場での需要と供給によって変動するんだけど、簡単に言えば、**円の需要（円ほしい！→円買いドル売り）**が増えると**円高**になり、**円の供給（円いらない！→円売りドル買い）**が増えると**円安**になるんだ！　では、何が起きると**円の需要**が増えて円高になるかなんだけど、例えば、**海外から日本**に来る旅行者が増えると円の需要が増えて円高になるんだ。海外からの旅行者は円を持ってないと日本で買い物できないからね。他にも日本の**輸出**が増えると日本企業が売り上げとして受け取ったドルを円に両替する必要があるから円の需要が発生するし、日本の**金利が上昇**すると日本で資金を運用したほうが儲かるから円の需要が発生する。逆に何が起きると円の供給が増えて円安になるかは、**日本から海外**への旅行者の増加、日本の**輸入**の増加、日本の**金利の下落**があるよ。

円高・円安になるとどうなるか（影響）　じゃあ、為替レートが円高や円安になると**どうなる**んだろう？　例えば**円高（1ドル＝100円→50円）**になると**日本**は海外からの**輸入が増える**んだ！　なぜか？　例えば**アメリカ**で1本1ドルで売られているコーラを**日本**が輸入する場合、1ドル＝100円の時に輸入すると輸入価格は日本円で1本100円だよね。でも1ドル＝50円になったら1本1ドルのコーラを50円で輸入できるのがわかる？　そう！　お得！　ということで輸入が増えるんだ！　でも一方で、**円高**になると**日本**の**輸出が減少する**。なぜか？　例えば日本で1個100円で売られている和菓子を**アメリカ**に輸出する場合、1ドル＝100円ならばアメリカは1ドルあれば1個100円の和菓子を日本から輸入できるよね。でも1ドル＝50円になると、アメリカは2ドルないと1個100円の和菓子を輸入できなくなる（2ドル＝100円）！　アメリカからすると高い！　ということで、アメリカは日本からの輸入が減る＝日本の輸出が減るんだ。

　円安（1ドル＝100円→200円）はこれらの逆で、**日本**にとっては輸入品価格が上がる（1ドルの商品に200円が必要になる）から海外からの**輸入は減る**けど、アメリカからすると割安で日本から輸入できる（100円の商品を0.5ドルでゲットできる）から**日本の輸出は増える**。

国際収支　輸出入や国際的な投資をはじめとして、一定期間における外国との取引の結果を貨幣額で表したものを**国際収支**と呼ぶよ。（**ノート2**）を見てもらいたいんだけど、国際収支は**経常収支、資本移転等収支、金融収支**という項目（＋**誤差脱漏**）からなる。そしてそれぞれの内部でさらに分かれるけど、「何をどの項目で計上するのか？」（例えば投資収益は第一次所得収支）が重要だからね。

〈ノート1〉円高・円安

何が円高をもたらすか（要因）
- 日本の輸出増加
- 海外から日本へ旅行者増加
- 日本の金利上昇

円高になるとどうなるか（影響）
- 日本の輸入が増加する
- 日本から海外へ旅行者が増加する
- 海外への直接投資が増加する

1ドル＝100円

→ 1ドル＝50円 … 円高

→ 1ドル＝200円 … 円安

要因と影響を混ぜないように！

何が円安をもたらすか（要因）
- 日本の輸入増加
- 日本から海外へ旅行者増加
- 日本の金利下落

円安になるとどうなるか（影響）
- 日本の輸出が増加する
- 海外から日本へ旅行者が増加する
- 海外への直接投資が減少する

〈ノート2〉国際収支の内容

経常収支
- 貿易・サービス収支
  - 貿易収支 … 輸出入 など
  - サービス収支 … 海外旅行 など
- 第一次所得収支 … 投資収益や雇用者報酬 など
- 第二次所得収支 … 国際機関への出資 など

資本移転等収支 … 社会資本向けの無償援助 など

金融収支
- 直接投資 … 海外への工場建設 など
- 証券投資 … 配当や利子を目的とした 海外の株式の取得 など
- 金融派生商品 … デリバティブ取引 など
- 外貨準備 … 政府や日銀が持つ外貨の増減 など
- その他投資 … 銀行・企業・政府による貸し付け など

誤差脱漏 … 統計上の誤差や漏れ

何をどの項目で計上するのか？が大切！

テーマ 65 国際通貨体制

ブレトンウッズ協定　1944年、アメリカのブレトンウッズに集まった連合国側の44か国は、第二次世界大戦後の国際経済についての話し合いを行い**ブレトンウッズ協定**を締結した。この協定に基づき、外国為替相場の安定などを目指す**IMF（国際通貨基金）**と、戦後復興や発展途上国の経済発展などを目指す**IBRD（国際復興開発銀行）**という超有名な2つの国際金融機関が設立されたから、それらについて見ていくよ！

IMF（国際通貨基金）　IMFは①強大なアメリカの経済力を背景に**アメリカのドル**を**基軸通貨**として、②各国通貨とドルの交換比率を一定にする**固定為替相場制**を戦後の国際通貨体制として採用した。これにより第二次世界大戦後はドル中心の固定為替相場制でスタートすることになったんだけど、現在は変動為替相場制になっていることからもお察しの通り、このIMFが作り出した体制（**IMF体制**）は後々に崩壊するんだ。ではその崩壊過程を見ていこうか。

IMF体制は戦後しばらくの間は機能していた。でも、**1960年代**になるとベトナム戦争への介入や西側諸国への経済援助などを背景に**アメリカ**の国際収支が悪化していく。これに伴って、アメリカのドルに対する各国からの信用は低下していき、各国はアメリカに対して自国が持っているドルと金（GOLD）の交換を要求し始めて、アメリカから大量の金が流出した（**ドル危機**）。各国が「ドルが紙切れになったらまずい！　アメリカさん、今のうちにドルと金を交換して！」って感じで動いたんだよね。そしたら**1971年**8月、アメリカの**ニクソン大統領**が金とドルとの交換停止を宣言して、世界は大混乱！　大統領の名前からこれは**ニクソン・ショック**と呼ばれるよ。ニクソン・ショックのすぐ後の**1971年**12月に固定為替相場制の再構築を目指して**スミソニアン協定**が結ばれはしたものの、結局1973年に各国は変動為替相場制へ移行し始めるんだ。そして**1976年**、事後的だけど**キングストン合意**で変動為替相場制が正式に承認されたよ。

そうそう、IMFは**通貨危機**が発生した時に重要な役割を果たしてきたっていう点も重要だ。タイの通貨バーツの暴落をきっかけに**1997年**に**アジア通貨危機**が発生した時、IMFはタイやインドネシア、韓国に金融支援を行ったんだ。ちなみに、アジア通貨危機は**ヘッジファンド**（短期的な利益を求め、富裕層や企業から巨額の資金を集めて、それをもとに投資を行う基金）の投機的な資金運用によって発生したということは知っておいて損はないよ。IMFは他にも、テーマ49で扱った**2008年の世界金融危機**（アメリカのリーマンブラザーズの破綻に端を発する世界金融危機）の際にも、影響を受けた国々に対する金融支援を行ったからね。

IBRD（国際復興開発銀行）　IBRDは、別名「**世界銀行**」とも呼ばれる国際金融機関で、戦後復興や発展途上国の経済発展などを目指して**長期的**な資金の融資を行うよ（⇔IMFは国際収支が著しく悪化した国に**短期的**な資金融資を行う）。実は**日本**も戦後復興の時にIBRDからお金を融資してもらったことがあるんだ（今は全額返済しているよ）。

そんなIBRDを中心としたグループ（世界銀行グループ）の中には、**IDA（国際開発協会）**という機関があり、ここは世界で特に貧しい国々に対する支援を行っているからね。

〈ノート1〉IMF・IBRD

ブレトンウッズ協定

IMF（国際通貨基金）	&	IBRD（国際復興開発銀行）
・外国為替相場の安定などを目指す。 ・国際収支が著しく悪化した国に 　短期的な資金の融資を行う。		・戦後復興や発展途上国の経済 　発展などを目指す。 ・長期的な資金の融資を行う。

〈ノート2〉戦後国際通貨体制の崩壊

アメリカのドルを基軸通貨とした固定為替相場制

↓

1960年代になるとアメリカの国際収支が悪化

↓

アメリカのドルに対する信用が低下し、各国はドルと金の交換を要求
大量の金がアメリカから流出（ドル危機）

↓

1971年8月、アメリカ大統領ニクソンが金とドルの交換停止を宣言
（ニクソン・ショック）

↓

1971年12月、新たな為替レートで固定為替相場制の再建を目指して
スミソニアン協定が結ばれる

↓

しかし結局、1973年に各国は変動為替相場制へ移行しはじめる

↓

1976年、キングストン合意で変動為替相場制を正式に承認

国際貿易体制

自由貿易を目指して　　第二次世界大戦前、大国は植民地や特定の国との間だけで貿易を行う**ブロック経済**を形成し、ブロックごとの閉鎖的・排他的な**保護貿易**を行っていたんだ。これにより世界の貿易は縮小し、またブロック間での対立も激化したことから、ブロック経済は第二次世界大戦勃発の要因の1つとされているよ。その反省から、第二次世界大戦後の**1947年**、**自由貿易**を促進するための国際的な協定として**GATT**（関税と貿易に関する一般協定）が結ばれたんだ。

GATTの特徴　　GATTは貿易の拡大による世界経済の発展を目指して①「**自由**」、②「**無差別**」、③「**多角**」という3つの原則を掲げる協定だ！　この3つの原則が大切だから説明するね。

　まず①「**自由**」とは、文字通り「自由貿易を進めよう！」ということ。そのためにGATTは、自由貿易の妨げになる**関税**や**非関税障壁**の撤廃を求めてきたよ。ただし！　特定商品の輸入の急増が国内産業に重大な被害をもたらす場合は、一時的に関税引き上げや輸入数量制限を行う**セーフガード**（緊急輸入制限）は認められているからね。

　次に②「**無差別**」とは、「貿易で差別的な扱いをしない！」ということ。無差別に関しては**最恵国待遇**と**内国民待遇**という原則がとっても大切なんだ。**最恵国待遇**とは、ある特定の国に対して有利な貿易条件を与えたら、それを他の国にも平等に適用しなければならないということ！　**内国民待遇**とは、外国製品も国内製品と同様に扱わなければならないということ！　これらをGATTは各国に求めているんだ。ただし！　発展途上国からの輸入品に対して特別に低い関税を設定する**一般特恵関税**は認められているんだ。発展途上国の産業を守るための措置だね。

　最後に③「**多角**」とは、「貿易に関して多国間で協議していこう！」ということ。そのために、これまでいくつかの**多角的貿易交渉（ラウンド）**が行われてきたんだ。それらを下で見ていくよ！

多角的貿易交渉（ラウンド）　　　✐**ノート2**を見てもらいたいんだけど、これまで行われてきた代表的なラウンドとしては、**ケネディ・ラウンド**、**東京ラウンド**、**ウルグアイ・ラウンド**、**ドーハ・ラウンド（ドーハ開発アジェンダ）**があるよ。特に大切なウルグアイ・ラウンドについて解説していくね。ウルグアイ・ラウンドでは、特許などの**知的財産権（知的所有権）**や**サービス貿易**のルール作りが初めて協議されたし、「協定」だったGATTを継承・発展させて「国際機関」である**WTO**（世界貿易機関）を発足することが合意されたんだ。そうそう、経済分野の**テーマ53**でも取り上げたように、交渉の結果海外から日本にコメが**ミニマムアクセス**（最低輸入量）として輸入されることになった点もお忘れなく。そして新たに設立されたWTOのもとで2001年からドーハ・ラウンドが開始されたんだけど、先進国と途上国の意見の対立をはじめとしてさまざまな利害対立があり、交渉が難航してしまったんだ。

多国間協議の行き詰まり　　意見の対立により多数の国々による協議が行き詰まることが多くなったこともあり、近年は2国または数国で**FTA（自由貿易協定）**や**EPA（経済連携協定）**を結んだり（FTAとEPAの特徴・違いは✐**ノート3**で要確認！）、特定の地域で結びつきを強める地域的経済統合を進める動きが活発なんだ。それらを次の**テーマ67**で詳しく見ていくよ！

〈ノート1〉GATTの3原則

自由	無差別	多角
「自由貿易を進めよう!」 内容：関税や非関税障壁の撤廃 ※セーフガード(緊急輸入制限)は例外的に認められる	「差別的な扱いをしない!」 内容：最恵国待遇 　　　内国民待遇 ※一般特恵関税は例外的に認められる	「多国間で協議していこう!」 内容：多角的貿易交渉(ラウンド)の開催 ※近年は2国または数国でFTAやEPAが結ばれるケースが増加

〈ノート2〉多角的貿易交渉(ラウンド)

1964年〜67年…ケネディ・ラウンド
→工業製品の関税引き下げに合意 など

1973年〜79年…東京ラウンド
→鉄鋼業製品の関税引き下げに合意 など

1986年〜94年…ウルグアイ・ラウンド
→・知的財産権やサービス貿易のルール作りを協議
　・GATTを継承・発展させた国際機関として
　　WTO(世界貿易機関)の設立合意 など

2001年〜……ドーハ・ラウンド(ドーハ開発アジェンダ)
→利害対立により交渉が難航。

> GATTは協定、WTOは国際機関

〈ノート3〉FTAとEPAの違い

・FTA(自由貿易協定)…二国間または数国で結ばれる協定であり、結んだ国々の間で関税や非関税障壁の撤廃を目指す。

・EPA(経済連携協定)…FTAの強化版。関税や非関税障壁の撤廃に加えて、人の移動や投資ルールなどの分野の自由化も目指す。

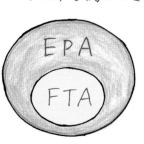

テーマ 67 地域的経済統合

地域的経済統合の進展　経済のグローバル化がますます進んでいる一方で、前テーマの最後で学んだように、近年は地域的な結びつきを強める**地域主義**(リージョナリズム)的な動きとして**地域的経済統合**も進んでいる。みんなにとって最もなじみ深い地域的経済統合は**EU**(欧州連合)だと思うから、まずはそれから説明するね！

EU(欧州連合)　現在、EUに加盟する国々の間ではヒト・モノ・カネ・サービスの移動が自由な**市場統合**が実現している。まずこれだけでもすごいのに、共通通貨として**ユーロ**も導入されているし(ただし全てのEU加盟国でユーロを導入しているわけではないので注意！)、中央銀行として**ECB**(欧州中央銀行)があったり、**2009年**発効の**リスボン条約**により**EU大統領**(欧州理事会常任議長)や**EU外相**(外務・安全保障政策上級代表)が誕生したんだ。すごい結びつきだよね。

そんなEUの歴史は、第二次世界大戦後の**1952年**に石炭や鉄鋼の共同管理を目指す**ECSC**(欧州石炭鉄鋼共同体)が作られたのが始まりだ。その後**EURATOM**(欧州原子力共同体)や**EEC**(欧州経済共同体)という共同体が作られ、これら3つの共同体が**1967年**に合体してEUの前身である**EC**(欧州共同体)が誕生した。ECは加盟国間での関税を撤廃し、域外からの輸入品に対して共通関税を適用する**関税同盟**を達成したりもしたよ。そしてさらなる統合のために**1993年**に**マーストリヒト条約**が発効し、ECはEUにパワーアップしたんだ。

近年のEUが抱える課題としては加盟国間での経済格差や移民問題がある。そうそう、イギリスが**2016年**の国民投票の結果、**2020年**にEUから脱退したのは大きな話題となったよね。

代表的な地域的協力　では世界には他にどんな地域的なつながりがあるか見ていこう！

- **ASEAN**(東南アジア諸国連合)…現在10か国で構成される東南アジアの地域的なチームがASEANだ！　ASEANは**2015年**に**AEC**(ASEAN経済共同体)を発足させ、経済的な結びつきをさらに強めているよ。

- **USMCA**(アメリカ・メキシコ・カナダ協定)…1994年にアメリカ・メキシコ・カナダの3か国で成立した**NAFTA**(北米自由貿易協定)という自由貿易協定があったんだけど、これと置き換わる形で**2018年**に同じ3か国で合意されたのがUSMCAだ！

- **MERCOSUR**(南米南部共同市場)…ブラジルやアルゼンチンをはじめとした南米の国々で構成される関税同盟だ。

- **APEC**(アジア太平洋経済協力)…FTAやEPAではないけど、アジア太平洋地域の21の国と地域が参加する経済協力の枠組みだよ。

- **TPP**(環太平洋パートナーシップ協定)…太平洋を取り囲む国々の間で、関税撤廃や投資の自由化をはじめとした幅広い分野で経済協力を進めるための協定だよ。当初参加していた**アメリカ**が抜けたけど、11か国で「**TPP11**」として**2018年**に発効したんだ。

- **RCEP**(地域的な包括的経済連携協定)…日本、中国、韓国、ASEAN10か国、オーストラリア、ニュージーランドが参加する巨大な経済連携協定。**2022年**に発効！

〈ノート1〉EU誕生の歴史

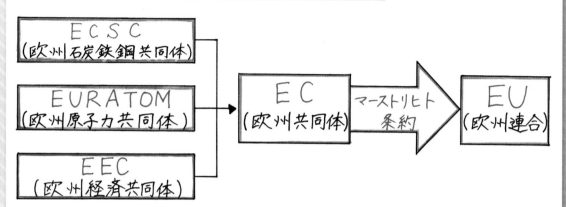

ECSC（欧州石炭鉄鋼共同体）
EURATOM（欧州原子力共同体）
EEC（欧州経済共同体）
→ EC（欧州共同体）
マーストリヒト条約
→ EU（欧州連合）

〈ノート2〉代表的な地域的協力

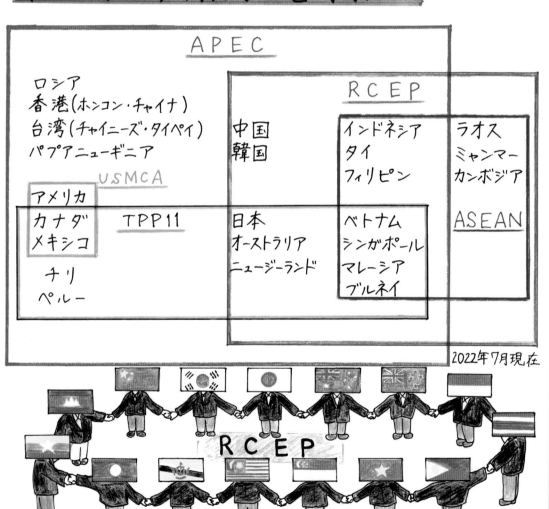

APEC

ロシア
香港（ホンコン・チャイナ）
台湾（チャイニーズ・タイペイ）
パプアニューギニア

USMCA
アメリカ
カナダ
メキシコ
チリ
ペルー

TPP11

RCEP
中国
韓国

日本
オーストラリア
ニュージーランド

インドネシア
タイ
フィリピン

ベトナム
シンガポール
マレーシア
ブルネイ

ラオス
ミャンマー
カンボジア

ASEAN

2022年7月現在

RCEP

第5章　国際分野

重要度 ●●●●●

68 南北問題／ODA（政府開発援助）

南北問題　グローバル化が進む中で、豊かな先進工業国と貧しい発展途上国の経済格差はますます大きくなっている。そのような問題は、先進工業国が北半球に多く発展途上国が南半球に多いことから**南北問題**と呼ばれ、解決しなければならない世界の課題となっているよ。格差の背景には、発展途上国の多くが付加価値の低い農作物や鉱産物などの一次産品に依存する**モノカルチャー経済**であるため、なかなか貧困を抜け出せないという点がある。また、融資してもらったお金を返済できず**累積債務問題**に苦しむ発展途上国も多い。そして発展途上国の間でも格差が生じており、**BRICS**（ブラジル・ロシア・インド・中国・南アフリカ）のように目覚ましい経済成長を遂げる国々がある一方で、特に貧しく最低水準の生活を維持することも難しい最貧国もあり、そのような最貧国は**後発発展途上国（LDC）**と呼ばれるよ。なお、発展途上国の間での格差は**南南問題**と呼ばれるからね。

格差是正への取り組み　それでは、格差是正のためにどのような取り組みが行われてきたかを確認していこうか！　1964年、国連に**UNCTAD**（国連貿易開発会議）が発足して、国連も本格的に南北問題解決のための取り組みを始めたんだ。そして**1974年**の**国連資源特別総会**で**NIEO**（新国際秩序）**樹立宣言**が採択され、ここでは発展途上国が自国の天然資源に将来にわたって主権を持つことや、不公平な輸出入価格の是正などが掲げられたよ。

また、国連は2000年に、2015年までに世界が達成すべき目標として**MDGs**（ミレニアム開発目標）を策定した。そしてMDGsの後継として、2015年には、2030年までに世界が達成すべき目標として**SDGs**（持続可能な開発目標）を策定したんだ。SDGsは17項目の目標で構成されるんだけど「1. 貧困をなくそう」や「2. 飢餓をゼロに」など、南北問題を意識した目標が多いよ。「え！　SDGsって環境に関してのものじゃないの！？」って人もいるかもしれないけど、そう！　実は環境に関しては全体の一部なんだ。17の目標は　ノート1　を確認してみてね！

そうそう、先進諸国も1961年に先進国の経済成長を目指す**OECD**（経済協力開発機構）を設立して、自分たち（先進諸国）の成長はもちろんだけど、発展途上国に対する経済協力もOECDの下部組織である**DAC**（開発援助委員会）を通して推進しているからね。

また、近年は人間一人ひとりに注目して、生存・生活・尊厳に対する脅威から一人ひとりを守る**人間の安全保障**の観点も重要と考えられるようになった点も知っておいてほしいな。先進国はただ発展途上国の経済発展のための援助を行うだけでなく、**BHN**（人間の基本的なニーズ）に基づいて貧困に苦しむ人々を直接対象とした援助を行う必要があると言えるね。

他にも**フェアトレード**と**マイクロクレジット**という取り組みもぜひおさえてもらいたいから、　ノート2　で確認をしてね！

ODA（政府開発援助）　政府が発展途上国に行う援助として**ODA**（政府開発援助）がある。日本政府は現在、2015年に策定した**開発協力大綱**をもとにODAを行っていて、援助額でみると世界上位になっているんだ。でも……ODA総額の対GNI比は国際目標の0.7％に届いてないし、ODA総額に占める贈与の比率は他の先進国に比べて低いなど、問題もあるんだよね。

〈 ノート 1 〉 SDGs（持続可能な開発目標）

1 貧困をなくそう	2 飢餓をゼロに	3 すべての人に健康と福祉を	4 質の高い教育をみんなに	5 ジェンダー平等を実現しよう
6 安全な水とトイレを世界中に	7 エネルギーをみんなにそしてクリーンに	8 働きがいも経済成長も	9 産業と技術革新の基盤をつくろう	10 人や国の不平等をなくそう
11 住み続けられるまちづくりを	12 つくる責任つかう責任	13 気候変動に具体的な対策を	14 海の豊かさを守ろう	15 陸の豊かさも守ろう
16 平和と公正をすべての人に	17 パートナーシップで目標を達成しよう			

〈 ノート 2 〉 フェアトレード・マイクロクレジット

フェアトレード

フェアトレード…発展途上国の商品や原材料を適正な価格で購入することを通して、生産者の生活改善や経済的自立の手助けをする取り組み。

マイクロクレジット…貧困に苦しむ人々に無担保で少額の融資を行い、
（マイクロファイナンス）　経済的自立の支援を行う取り組み。バングラデシュのグラミン銀行の例が世界的に有名。

〈 ノート 3 〉 ODAの内容

ODA	二国間 援助	贈与	無償資金協力…途上国は返済義務なし
			技術協力…専門家の派遣 など
		政府貸付	円借款（貸し付け）など
	多国間 援助	ユニセフなどの国際機関に対する出資	

テーマ69 地球環境問題

環境問題　地球規模の**環境問題**は、どんどん深刻化している。例えば、2014年のIPCC（気候変動に関する政府間パネル）の報告書では、現在のペースで温室効果ガスの排出が進むと、21世紀末には数10cm以上の海面上昇が起きると予測されているんだ。

そんな環境問題の代表例としては**地球温暖化、酸性雨、オゾン層の破壊、砂漠化**（それぞれの原因を ノート1 でチェック！）などがあるけど、これらは国境をまたぐ問題だから、1国では解決ができず、解決のために国際的な協力が必要になるんだ。ということで、ここでは環境問題に対してどのような国際的協力がされてきたか見ていこう！

環境問題への国際的取り組み　地球規模での環境問題が世界で認識されるようになると、**1972年**に国連による世界初の国際的な環境会議として**国連人間環境会議**が**ストックホルム**で開催された。この会議のスローガンは「**かけがえのない地球**」。現在でも忘れちゃいけない言葉だね。この会議での決議に基づいて、環境問題に対応するための国連の機関として**UNEP（国連環境計画）**が創設されたのは大きな一歩だったんだ。そして国連人間環境会議から20年後の**1992年**、別名**地球サミット**とも呼ばれる**国連環境開発会議**がリオデジャネイロで開催された。この会議のスローガンは「**持続可能な開発**」なんだけど、これはざっくり言うと将来の世代も開発が続けられるように、現在の世代が環境保全を考慮しつつ、現在の世代のニーズも満たせるような開発を行っていこうというものだね。国連環境開発会議の成果は色々とあるんだけど、特に**気候変動枠組み条約**の採択が大切。この条約を受け入れた国々の間でその後定期的に会議が開かれることになり、その第3回会議（COP3）が**1997年**に京都で開かれたよ。勘のいい人なら気づいたかもしれないね。そう！　この会議で、有名な**京都議定書**が採択されたんだ。

京都議定書は、世界で初めて温室効果ガス排出の**具体的な削減目標**を定めた点が画期的だった。でも……京都議定書は発展途上国に削減義務を課さなかったり（中国・インドが削減義務ナシ）、アメリカが脱退するなどもあって、実効性が乏しかったんだ。だから京都議定書に代わって、**2020年**以降の新たな温室効果ガス削減の枠組みとして**パリ協定**が**2015年**に採択されたよ。パリ協定は発展途上国を含めて全ての締約国が温室効果ガス削減に向けて協力して取り組む点が画期的なんだ。 ノート3 で京都議定書とパリ協定の違いをまとめたから、確認してね！

環境問題等に対する条約　以下で色々な環境問題等に対する国際的な条約の代表例をまとめたよ。条約名とその内容をワンセットでおさえちゃおう！

①**ラムサール条約**…湿地を守ることで、そこで生息する**水鳥**を保護することを目的とした条約。

②**ワシントン条約**…絶滅の恐れがある**動植物**の国際取引を規制。

③**モントリオール議定書**…**フロン**の排出規制。

④**砂漠化対処条約**…特にアフリカ諸国における**砂漠化**に対処するための方針を規定。

⑤**バーゼル条約**…**有害廃棄物**の国境を越えた移動を規制。

⑥**カルタヘナ議定書**…**遺伝子組み換え作物**から生物多様性を守るための措置を規定。

〈ノート1〉環境問題の原因

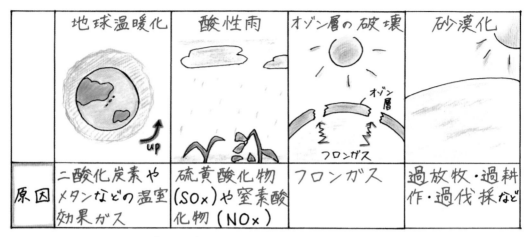

	地球温暖化	酸性雨	オゾン層の破壊	砂漠化
原因	二酸化炭素やメタンなどの温室効果ガス	硫黄酸化物(SOx)や窒素酸化物(NOx)	フロンガス	過放牧・過耕作・過伐採など

〈ノート2〉国際的取り組み

1972年：国連人間環境会議（スウェーデンのストックホルムで開催）
スローガン：「かけがえのない地球」
代表的成果：①人間環境宣言採択。
②この会議での決議に基づき、国連の機関としてUNEP（国連環境計画）が創設。

20年後

1992年：国連環境開発会議（ブラジルのリオデジャネイロで開催）
スローガン：「持続可能な開発」
代表的成果：①環境保護のあり方を示す環境と開発に関するリオ宣言採択。
②絶滅の恐れがある動植物の種の保存を行う生物多様性条約採択。
③温室効果ガス削減を目指す気候変動枠組み条約採択。

〈ノート3〉京都議定書とパリ協定の違い

京都議定書
1997年採択、2005年発効
内容：1990年を基準として、温室効果ガスを2008〜12年の間に先進国全体で5%削減（日本は−6%）。
課題：発展途上国は削減義務ナシ

パリ協定
2015年採択、2016年発効
内容：①産業革命前に比べて気温上昇を2℃未満に保ち、さらに1.5℃未満に抑える努力をする。②発展途上国を含むすべての締結国が、自国の温室効果ガスの削減目標を自国で定める。
課題：自国で定めた目標達成の義務ナシ

資源・エネルギー問題

資源の有限性　私たちは毎日、さまざまな資源をたくさん消費しながら生活をしている。特に、私たちが消費する資源の中には枯渇性資源（＝石炭・石油・天然ガスなどの**化石燃料**や鉄鉱石・レアメタル（希少金属）など。採れる場所にかたより（**偏在性**）がある）が多く、当然だけどそれらは消費し続ければいつかはなくなってしまう。例えば、『エネルギー白書2020』によれば石油の可採年数は50.0年となっているんだ。

そのような**資源の有限性**を考慮すると、将来にわたって持続可能な社会を実現していくために、私たちはこれまでの「**大量生産・大量消費・大量廃棄**」型の社会を見直す必要があるのは当然だよね。それはつまり、限りある資源を無配慮に消費するのではなく、資源を循環させながら利用して、できるだけ廃棄物を減らしていく**循環型社会**に転換する必要があるとも言い換えることができる。そしてそのためには、**リデュース**（ごみを減らす）、**リユース**（再使用する）、**リサイクル**（使用済みのものを新たな資源として利用する）という３Ｒが重要となるし、私たちが環境に配慮した消費者である**グリーンコンシューマー**となることが求められているんだ。

循環型社会に向けて　日本では、循環型社会を目指すための法律として**循環型社会形成推進基本法**が制定されている。そうそう、この法律は３Ｒの優先順位を（ざっくりと言えば）①リデュース＞②リユース＞③リサイクルとしているよ。そしてこの法律に基づいて、さまざまな物品ごとの個別のリサイクル法（**家電リサイクル法**、**自動車リサイクル法**など）が制定されているんだ。

エネルギーの歴史　産業革命以降の人類の主要なエネルギー資源は石炭だった。でも、20世紀後半になると石炭に代わって**石油**が主要なエネルギー資源となる**エネルギー革命**が起きたんだ。しかし！　**1973年**と**1979年**の二度にわたる**石油危機**をきっかけとして、石油への依存を抑えるために、石油の代替エネルギーとして原子力や天然ガスの導入が進められたり、省エネルギーの取り組みが進められたんだ。また近年は、**太陽光**や**風力**、**水力**、**バイオマス**などの**再生可能エネルギー**の開発・導入が進んでいるよね。

原子力発電とその課題　上の記述で原子力が出てきたから、原子力発電のメリット・デメリットにも触れておこうか。原子力は、石油や石炭などの化石燃料に比べて莫大なエネルギーを生み出すことができ、発電の際に温室効果ガスである二酸化炭素を排出しないなどのメリットがある。でも、みんなも**2011年**の東京電力福島第一原子力発電所事故でおわかりのように、事故が起きると広範囲に放射線による汚染をもたらしてしまいかねないし、また、発電の過程で発生する放射性廃棄物の処理が容易ではなかったりするなどのデメリットがあるね。

近年注目されるエネルギーや資源　近年、**水素**と**酸素**を化学反応させて電気を起こす**燃料電池**や、発電の際に発生する排熱を利用する**コージェネレーション**（**熱電併給**）の開発・導入が進んでいる。また、採掘技術の向上により、それまで採掘困難だった岩盤からの**シェールガス**の採掘がアメリカを中心に進んでいるんだ。

共有地の悲劇　最後に、限りある資源や環境問題を考える上で**共有地の悲劇**はとても参考になるから、　ノート2　をチェックしてみてね。

〈ノート1〉循環型社会

「大量生産・大量消費・大量廃棄」型社会

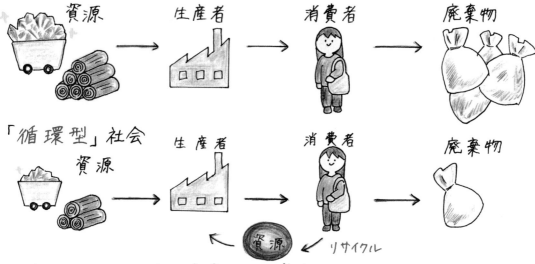

資源 → 生産者 → 消費者 → 廃棄物

「循環型」社会

資源 → 生産者 → 消費者 → 廃棄物

資源 ← リサイクル

〈ノート2〉共有地の悲劇

・私たちが限りある資源や環境問題を考える上で、「共有地の悲劇」はとても参考になる。

① ある村では、村人たちが共有の牧草地(共有地)で羊を飼っている。

↓

② 村人の一人が、自分の利益を増やすために羊の数を増やした。

↓

③ 他の村人も同様に羊を増やした結果、羊が牧草を食べすぎてしまい、牧草地から牧草が無くなり、最終的に全員が羊を飼えなくなってしまった。

上記のように、一人ひとりが自分の利益だけを考えて行動することで、最終的に全員にとって望ましくない状況になることを「共有地の悲劇」と呼ぶ。

佐々木 洋一郎（ささき よういちろう）

　河合塾公民科講師。

　早稲田大学政治経済学部政治学科を卒業。卒業後は大学院に進学し、早稲田大学大学院政治学研究科政治学専攻修士課程を修了。高校時代の1年間は米国オレゴン州の現地高校に留学。

　明るく熱意あふれる授業は「わかりやすくて楽しくて成績が上がる」と生徒からの圧倒的な支持があり、毎年偏差値が40台から70台に上がる生徒を多数輩出。驚異的な授業満足度の高さと合格実績を記録する。

　現在、河合塾では公民科目の共通テスト対策や二次・私大対策の授業を幅広く担当し、映像授業にも数多く出演。河合塾が提供する模試の作問やテキストの作成にも毎年複数携わる。

　また有名進学校でも教壇に立ち、高校の現場でアクティブラーニング型授業にも力を入れる。

　著書に『思考力・判断力・表現力が身につく　共通テスト　王道の勉強法』（KADOKAWA・共著）がある。また、『角川パーフェクト過去問シリーズ　2020年用　大学入試徹底解説　明治大学　全学部統一入試最新2ヵ年』（KADOKAWA）で「政治・経済」パートの執筆を担当。

　趣味は筋トレで、目標はベンチプレス120kg。

カリスマ講師の
日本一成績が上がる魔法の公共ノート

2023年3月29日　初版発行

著者／佐々木 洋一郎

発行者／山下 直久

発行／株式会社KADOKAWA
〒102-8177　東京都千代田区富士見2-13-3
電話 0570-002-301（ナビダイヤル）

印刷所／株式会社加藤文明社印刷所

●お問い合わせ
https://www.kadokawa.co.jp/（「お問い合わせ」へお進みください）
※内容によっては、お答えできない場合があります。
※サポートは日本国内のみとさせていただきます。
※Japanese text only

定価はカバーに表示してあります。